POBOL
DRWS NESA

Pobol
Drws Nesa

(Taith fusneslyd drwy Iwerddon)

Ioan Roberts

Argraffiad cyntaf: 2008

ⓗ testun: Ioan Roberts/y cyhoeddiad Gwasg Carreg Gwalch

Rhif rhyngwladol: 978-1-84527-187-9

Mae'r cyhoeddwr yn cydnabod cefnogaeth ariannol
Cyngor Llyfrau Cymru

Cynllun clawr: Sion Ilar

Cyhoeddwyd gan Wasg Carreg Gwalch,
12 Iard yr Orsaf, Llanrwst, Conwy, LL26 0EH.
Ffôn: 01492 642031 Ffacs: 01492 641502
e-bost: llyfrau@carreg-gwalch.com
lle ar y we: www.carreg-gwalch.com

Argraffwyd a chyhoeddwyd yng Nghymru.

I goffadwriaeth Scott,

Albanwr a ddaeth yn

'fwy Gwyddelig na'r Gwyddelod',

y cyflwynir y gyfrol hon.

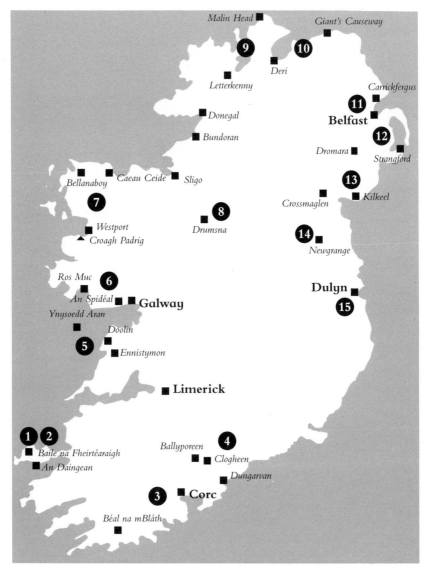

Gwlad y Bobol Drws Nesa

Mae'r rhifau yn cyfateb yn fras i leoliad y penodau

Cynnwys

Câr dy gymydog?

Y mae'r Gwyddyl yn bobol aflan, yn ymdrybaeddu mewn trythyllwch. O'r holl bobloedd, hwy yw'r isaf eu dysg yn egwyddorion y ffydd.
Gerallt Gymro, c.1220

Dylan was a typical Welshman, a thief and a liar. Taffy was a Welshman, Taffy was a thief – that was a pretty accurate description of Dylan.
Caitlin [MacNamara] Thomas, 1986

Roeddwn i wedi gweld darn o dir Iwerddon cyn imi erioed weld fawr ddim o Gymru, Lloegr na Llanrwst. Byddai 'Mynyddoedd Werddon' yn dod i'r golwg o'n tŷ ni ym Mhen Llŷn ar ambell ddiwrnod clir, a phawb yn ddigon balch o'u gweld nhw er y byddai'n siŵr o fwrw glaw drannoeth.

Hen gapten llong o'r enw Wil Glan-rhyd wnaeth i mi sylweddoli bod Iwerddon yn golygu mwy nag arwyddion tywydd. Dyn digon di-sgwrs oedd y capten, efo plant o leiaf. Un diwrnod roedd o a finnau'n digwydd cyd-gerdded ar hyd llwybr yn Rhoshirwaun, fi i dŷ fy ffrind Ifor, ac yntau tuag adref, a'r un ohonon ni'n dweud na bw na be. Penderfynais mai fi, yn fy swildod, fyddai'n gorfod torri'r garw. Ond beth oedd yna i'w ddweud? Daeth gwaredigaeth i'r golwg ar y gorwel, dipyn i'r chwith o Sir Fôn. Roeddwn i ar fin dweud pader wrth berson.

'Mynyddoedd Werddon i'w gweld yn agos, glaw fydd hi fory.'

'Wyddost ti be 'di enwa'r mynyddoedd yna?'

'Wel gwn, Mynyddoedd Werddon.'

'Rheina, 'machgan i, ydi'r Wicklow Mountains,' meddai'r Capten yn bwyllog ac awdurdodol. Does gen i ddim cof am weddill y sgwrs, ond mi ddywedodd ddigon i wneud i mi sylweddoli ei fod o'n gyfarwydd ag Iwerddon y tu hwnt i'r mynyddoedd, a bod yna dipyn o fynd a dod rhwng y ddwy wlad, o leiaf ymhlith pobol môr. Dyna pryd y taniwyd fy chwilfrydedd ynglŷn â'r lle oedd mor agos ac eto 'mhell. Pam bod yna Gytiau Gwyddelod ar ben yr Eifl, a bod Mynydd Gwyddel yn Uwchmynydd? Oes yna rywbeth yn Wicklow heblaw mynyddoedd? Ydi'r bobol yn debyg i ni? Pa iaith maen nhw'n siarad? Oes rhaid bod yn llongwr i gael mynd yno?

Meri Fantol oedd y gyntaf o'u plith i mi ei gweld. Roedd Meri wedi dod i weini ar un o ffermydd Llŷn ac wedi priodi Dic Fantol, cariwr, tyddynwr a chymeriad. Doedd gan Dic fawr o Saesneg na Meri ddim Cymraeg. Pan fyddai pethau'n ddrwg rhwng y ddau, byddai Dic, yn ôl y sôn, yn bygwth alltudiaeth: 'Meri – Ireland!' Heddiw byddai'n cael ei alw'n siofinist ac yn hiliol. Yr argraff a gawsom oddi wrth Meri, eu llysgennad anfwriadol, oedd bod y Gwyddelod yn bobol dipyn bach yn od, ond ddim hanner mor od, mae'n siŵr, ag oedd y Cymry yn ei golwg hi.

Wedyn daeth pobol y gwaith dŵr i'n plith. Hussey Egan & Pickmere oedd enw'r cwmni a gafodd gontract i osod peipiau o gronfa Cwmystradllyn i ben draw Llŷn, a chydag enw felly doedd hi'n fawr o syndod mai Gwyddelod oedd y rhan fwyaf o'u gweithwyr. Criw hwyliog oedd y rhain, ac mi fydden ni blant yn cael modd i fyw wrth eu gwylio nhw'n rhwygo'r tir efo'u peiriannau a'u ceibiau. Cynyddodd ein hedmygedd wrth i straeon fynd ar led am eu campau nosweithiol yn swyno'r merched a chwffio yn y tafarnau – ymhlith ei gilydd yn bennaf.

Ar ôl darganfod bod tonfeddi Radio Éireann yn medru croesi'r dŵr y cawsom ein cipolwg cyntaf ar fywyd go iawn y Gwyddelod yn eu gwlad eu hunain. Roedden nhw'n barablwyr heb eu hail, er bod yr acenion yn dipyn bach o rwystr i glustfeinwyr Llŷn. Roedd gwrando ar y rhaglenni fel gweld beth mae'ch cymdogion yn ei roi yn eu bin sbwriel neu ar eu lein ddillad. Un o'r rhaglenni mwyaf poblogaidd oedd 'Hospital Requests' ar brynhawn Mercher, lle byddai cyfarchion yn cael eu hanfon at gleifion mewn ysbytai oedd bron i gyd wedi eu henwi ar ôl saint. Roedd y cleifion, fel ninnau, yn hoff o

Johnny Cash, Jim Reeves a Pat Boone, ond hefyd yn ein cyflwyno i ganeuon anghyfarwydd fel 'Kevin Barry', 'Easter Bonnet' a 'Slattery's Mounted Fut'.

Mae closio at gymdogion yn aml yn golygu concro rhagfarnau, ac mae canrifoedd o'r rheini i'w cael rhwng y Cymry a'r Gwyddelod. Yn fy achos i roedd y ddrwgdybiaeth yn cael ei phorthi, nid yn unig gan nofelau Daniel Owen lle'r oedd 'Gwyddel' bron yn gyfystyr â rheg, ond hefyd gan agweddau rhieni oedd wedi bod yn gweithio yn Lerpwl pan oedden nhw'n ifanc. Doedden nhw ddim yn manylu, ond cefais yr argraff nad oedd llawer o Gymraeg rhwng y ddwy garfan oedd mor niferus o fewn y ddinas. Doedd y ffaith bod eu crefydd nhw'n wahanol ddim yn help. Dyna pryd y clywais gyntaf y farn Anghydffurfiol am eglwysi drudfawr y Pabyddion efo plant bach troednoeth y tu allan.

Yr hyn a ddyfn-haodd fy nidd-ordeb yn Iwerddon

Y tro cyntaf

wrth fynd yn hŷn oedd cael llyfr yn anrheg gan rywun oedd newydd fod yno. Enw'r llyfr oedd *Michael Collins* a'r awdur oedd Rex Taylor. Cododd gwr y llen ar hanesion cyffrous, trist ac arwrol na wyddwn i ddim oll amdanyn nhw, er iddyn nhw ddigwydd yn y wlad agosaf. Roedd y llyfr hyd yn oed yn sôn am le o'r enw Fron-goch na wyddwn i am ei fodolaeth. Chlywais i ddim gair am Michael Collins yn fy nghwrs hanes Lefel O, nag am Owain Glyndŵr o ran hynny.

10

Yn ugain oed, ar ôl ennill tipyn o arian yn gwasanaethu Crosville yn ystod yr haf, daliais yr enwog *Princess Maude* o Gaergybi i Dún Laoghaire a threulio wythnos yn bodio ar fy mhen fy hun i Galway a Chonamara, i Limerick a Chorc. O'r eiliad y rhoddais fy nhroed ar ddaear y wlad, roeddwn i'n teimlo'n gartrefol.

Mae yna ddywediad Gwyddeleg, '*Níos Gaelaí na Gaeil iad féin*' – 'mwy Gwyddelig na'r Gwyddelod eu hunain'. Mae'n tarddu o'r Oesoedd Canol pan fyddai milwyr yn cael eu hanfon yno i oresgyn y wlad, ond yn cael eu swyno gan y brodorion a'u troi'n Wyddelod. Chefais i ddim tröedigaeth o'r raddfa honno, a fu gen i erioed awydd troi'n Wyddel. Ond cefais y teimlad yn syth ein bod ni o'r un anian. Os nad oedden ni'n frodyr, roedden ni'n gefndryd agos iawn.

Welais i ddim lepracaun ar y daith honno, a chlywais i neb yn dweud 'Begorra' na 'Top of the morning'. Ond gwelais ddigon o fythynnod to gwellt, mwg y mawn, mulod, teisi gwair a styciau ŷd, hen ddynion diddannedd yn llowcian Guinness, a baledwyr yn canu'n ddiddiwedd efo ffrind yn gafael yn llaw y canwr a'i throi fel handlen buddai. Doedd y cardiau post a'r hysbysebion Bwrdd Croeso ddim i gyd yn ddi-sail.

Fyth oddi ar yr ymweliad cyntaf hwnnw, rydw i wedi ei chael hi'n anodd cadw draw. Fel y dywedodd fy nghyfaill Wil Sam, oedd yn dioddef o'r un clwy, 'Fydd dim rhaid imi gael aros yn hir. Mi fydda i'n fodlon mynd adra unwaith bydda i wedi cael charge.' Yn fy achos i, diolch i gydymdeimlad gwraig a phlant a chyflogwyr, chafodd y batri erioed gyfle i fynd yn fflat.

'Mae'n rhaid dy fod ti wedi gweld newidiadau mawr yno dros y blynyddoedd.' Dyna'r sylw fydda i'n ei glywed yn aml. Wel do, debyg, yn enwedig yn y blynyddoedd diwethaf. Rhuthrodd y 'Teigr Celtaidd' trwy'r wlad a'i chodi o fod ymhlith y tlotaf o wledydd Ewrop i un o'r cyfoethocaf. Lle gynt byddai'r Gwyddelod yn gwasgaru dros y byd i chwilio am waith, daeth eu tro nhw i gwyno am fewnfudwyr yn elwa ar bwrs y wlad. Collodd yr Eglwys Gatholig lawer o'i grym a'i pharch. Lladdwyd dros dair mil a hanner o bobol a phlant mewn

11

ugain mlynedd o wrthdaro yn y Gogledd, ac yna gwelwyd dau o'r prif elynion yn cyd-chwerthin fel Morecambe and Wise.

Wrth fynd yno mor aml, hwyrach nad oeddwn i'n rhyfeddu cymaint ag a ddylwn at gyfnewidiadau mor hanesyddol. A dydi rhywun ddim yn treulio'i wyliau yn holi'r dyn yn y dafarn am effaith y Teigr Celtaidd ar ei fusnes gwely a brecwast.

I ofyn pethau felly, mae angen esgus. Ac mi gefais un yn ystod hydref 2007. Am dair wythnos bûm yn crwydro'r ynys mewn hen Volvo, gan alw mewn rhai llefydd cyfarwydd a dilyn fy nhrwyn i rai eraill nad oeddwn erioed wedi'u gweld o'r blaen. Roedd fel bod ar wyliau, ar fy mhen fy hun unwaith eto, efo hawl i holi a busnesu a chofnodi. Fy ngobaith oedd y byddwn i – a'r darllenwyr – yn adnabod ein cymdogion ychydig yn well ar ddiwedd y daith nag ar ei dechrau.

Ers y daith honno daeth dyddiau digon trafferthus i Iwerddon fel i weddill y byd. Roedd y Teigr Celtaidd eisoes ar ei wely angau yn 2007; erbyn hyn mae wedi ei hen gladdu, a daw newyddion bron bob dydd am swyddi'n cael eu colli. Ymddeolodd Ian Paisley ac mae Cabinet Gogledd Iwerddon yn cael seibiant gorfodol oherwydd ffrae ynghylch plismona.

Ond mae effaith y cyfnod o lewyrch economaidd yn y Weriniaeth a'r cydweithredu annisgwyl yn y Gogledd yn parhau. Fydd bywydau'r bobl drws nesa byth yr un fath.

Fisitor mwyar duon

O ran ei siâp, cafodd Iwerddon ei chymharu efo tedi-bêr yn eistedd â'i gefn at Loegr a'i wyneb tuag America. Mae'n fwy perthnasol, i ni Geltiaid, fod ei ben-ôl bron yn sir Benfro, ei feingefn gyferbyn â Chaergybi a'i glustiau yng nghyffiniau'r Mull of Kintyre. Ond y lle pwysicaf i mi ydi ewin bawd mawr ei bawen ôl, yr un sy'n ymestyn bellaf i Fôr Iwerydd. Edrychwch ar fap tywydd Siân Lloyd pan ddaw Iwerddon i'r golwg, ac mi gewch syniad am ble'r ydwi'n sôn.

Hwn ydi'r penrhyn yn ne-orllewin Iwerddon sy'n cael ei adnabod yn y Wyddeleg fel Corca Dhuibhne ac yn Saesneg fel penrhyn Dingle. Dyma'r tir mwyaf gorllewinol yn Ewrop, ac un o'r rhai mwyaf hudolus o brydferth yn y byd ym marn amryw a fu yno ar dywydd braf. Mae ganddo'i rinweddau ar dywydd stormus hefyd, cyn belled nad ydych chi mewn pabell neu garafan sy'n cael eu bygwth gan gorwynt o America. Dyna fu'n hanes

Baile na Fheirtéaraigh 1969

Hufenfa'r ardal 1969

ni fel teulu flwyddyn ar ôl blwyddyn, ond mae'r lle wedi cael cymaint o afael fel na fyddwn ni hyd yn oed yn ystyried treulio gwyliau Awst yn unman arall

Cyn mynd gam ymhellach, cystal imi esbonio sut y glaniais yn y lle am y tro cyntaf – roedd hynny, os maddeuwch y gynghanedd, wysg fy nhin mewn Cortina. Mae'r Sul hwnnw ym Medi 1969 yn dal i gael ei gofio gan drigolion Kerry, nid am i mi ddarganfod y sir ond oherwydd i'w tim pêl-droed Gwyddelig nhw guro Mayo yn rownd gyn-derfynol yr All Ireland, un o'r gornestau mwyaf cyffrous a welodd Croke Park erioed. Wrth i'r lluoedd yn eu gwyrdd a gwyn heidio i Ddulyn y bore hwnnw ar gyfer y gêm, roedd fy ffrind Wil a finnau yn ceisio bodio o Ddulyn i Kerry yn erbyn y llif. Ar ôl sefyllian am hydoedd ar gyrion y brifddinas a neb yn dangos trugaredd, doedd dim amdani ond llogi car, er ein bod ni'n dlawd. Byddai Mini wedi gwneud y tro ond dim ond Ford Cortina mawr gwyn oedd ar gael, am bris oedd yn cynnwys gordal o chwe cheiniog y filltir ar ôl y cant a hanner cyntaf. Doedden ni ddim wedi sylweddoli fod Iwerddon deirgwaith a hanner yn fwy na Chymru. Erbyn cyrraedd Tralee roedden ni'n dechrau mynd i ddyled, gyda 30 milltir arall i fynd. Yn y dyddiau hynny cyn bod cardiau twll-yn-y-wal, roedden ni'n wynebu credit crynsh. Ond ar foment wan y daw'r cranc i'r lan, chwedl fy hen ffrind John Gorffwysfa. Ar ôl inni golli'n ffordd, a gorfod bagio am bellter, dyma wneud darganfyddiad bendithiol: pan oedd y car yn mynd tuag yn ôl, roedd y milltiroedd ar y cloc yn mynd ar i lawr. Dim ond inni fagio am gyfran o'r gwyliau, fyddai'r ddyled ddim yn ein llethu, er y byddai bil y petrol ychydig yn uwch. A byddai angen newid gyrrwr yn weddol aml oherwydd cric yn y gwddw.

I'r gorllewin o An Daingean (*Dingle*), mae yna filltir a hanner o ffordd unionsyth sy'n cael ei galw'n An Bóthar Fada – 'y ffordd hir'. Anghofia i byth mo'r olwg ar wyneb hen dyddynnwr oedd yn ymlwybro'n hamddenol ar hyddi mewn trol a mul wrth i'r Cortina sgrialu heibio iddo. Wil oedd wrth y llyw, a finnau wrth ei ochr yn trio ymddangos yn normal wrth syllu'n syth yn fy mlaen, hynny yw, yn ôl. Codais fy llaw a gwnaeth yr hen ŵr yr un fath, gan edrych fel petai newydd weld UFO.

Parciwyd y Cortina y tu allan i dafarn O Catháin ar unig stryd Baile an Fheirtéaraigh (*Ballyferriter*). Bu'n rhaid inni gysgu yn y car y noson honno, er mwyn cael gwerth

Y Cortina

ein harian. Roedd hynny ar ddarn o dir agored hanner ffordd rhwng Baile an Fheirtéaraigh a Dún Chaoin, lle'r oedd rhai o fawrion Hollywood wrthi ar y pryd yn ffilmio "Ryan's Daughter" dan gyfarwyddyd David Lean. Wydden ni ddim byd am hynny, ond daeth yn amlwg fod rhywbeth ar y gweill ar ôl inni godi yn y bore ac eistedd ar ddarn o 'graig' oedd wedi ei gwneud o bolystyrene.

Un rheswm dros fynd i'r ardal oedd ein bod wedi clywed amdani fel un o gadarnleoedd yr iaith Wyddeleg, lle'r oedd cymdeithas gydweithredol wedi'i ffurfio er mwyn cryfhau'r economi a'r diwylliant. Roeddwn i wedi dechrau gweithio i'r *Cymro* bum mis ynghynt, ac yn llawn brwdfrydedd wythnos gwas newydd. Felly galwais yn swyddfa'r gymdeithas gydweithredol, Comharchumann Forbartha Chorca Dhuibhne, gyda'r bwriad o ysgrifennu erthygl amdani ar ôl mynd adref. Aeth y croeso gam ymhellach nag oedden ni wedi'i ddisgwyl. Ar ôl i reolwr y gymdeithas, dyn ifanc brwd o'r enw Tony Barret, glywed am antur Wil a finnau yn bagio rownd y penrhyn a chysgu yn y car, cododd y ffôn a chynnal sgwrs mewn Gwyddeleg. Yna aeth â ni yn ei gar i Teach na Féile, 'tŷ croeso', lle cawsom wely, brecwast a chinio nos yn rhad ac am ddim am wythnos, ar draul pwy yn union, wn i ddim hyd heddiw. Roedd hynny'n fwy byth o sbardun i dreulio llawer o'r gwyliau yn casglu gwybodaeth am yr ardal a dod i adnabod y bobl. Oni bai am y profiad hwnnw, go brin y byddai wedi dod yn gymaint o gartref ysbrydol. Er fy mod wedi ymweld ag Iwerddon droeon cyn hynny, darganfod yr ardal yma oedd y trobwynt a olygodd na allwn 'ddianc rhag hon'.

Daeth misMedi arall, un 2007, a'r un oedd y wefr wrth imi yrru dros gefndeuddwr Baile na n-Áth a gweld pen draw'r penrhyn yn ymagor o fy mlaen. Yr olygfa hon sy'n gwneud inni deimlo, heb unrhyw gyfiawnhad, ein bod ni'n cyrraedd adref. Gallwn weld yn y pellter, y cae uwchben y môr lle bu fy ngwraig Alwena a finnau'n cartrefu bob mis Awst er cyn cof, mewn pebyll i ddechrau cyn inni gael plant, a charafán. Moethusrwydd gwely a brecwast fyddai'r drefn i mi ar y daith hon, ond yn gyntaf roedd yn rhaid picio'n hiraethus i'r hen wersyll – o bob cae yn Iwerddon, y Cae hwn yn Kerry yw'r pwysicaf yn ein golwg ni.

Dim ond mis oedd yna ers i mi ei adael ar ddiwedd ein gwyliau, ond sôn am newid byd. Y tro hwnnw roedden ni fel rhyw deulu Abram Wood, tua deugain ohonon ni, yn Wyddelod, Cymry ac Albanwyr, yn bob oed o bensiynwyr i fabanod, yn parablu ymysg ein gilydd am bythefnos. Heddiw doedd yma neb ond fi, yn 'fisitor mwyar duon', fel y bydden nhw'n dweud ym Mhen Llŷn am bobol fyddai'n cymryd eu gwyliau ar ôl i'r lluoedd fynd adref.

Mae rhyw atgof yn perthyn i bob llathen o'r lle. Y tir gwastad lle dysgodd Siôn reidio beic, pan oedd camera fideo'n cofnodi'r daith ddi-godwm fuddugoliaethus gyntaf. Y lwmpyn o godiad tir, nad yw lawer uwch na charafan, a hawliodd Lois fel ei 'mynydd' personol a threulio oriau yn ei byd bach ei hun ar ei gopa. Y dibyn y syrthiodd ein ffrind Scott drosto ar ôl colli'i ffordd ganol nos, gan lanio ar silff â'i gorun tua lefel y ddaear. Bu yno am oriau cyn inni glywed ei lais yn canu 'Scotland the Brave'. 'Chefais i erioed gymaint o boen yn fy mywyd,' meddai wrth i ni hanner ei gario i'w garafan. 'A rydw i wedi cael tri babi!' Yn Ysbyty Tralee y treuliodd y rhan fwyaf o'r gwyliau hwnnw, ar ôl dryllio'i benglin.

Y pethau sy'n mynd o chwith, yn aml sy'n creu'r diddanwch mwyaf wrth edrych yn ôl. Mae un noson stormus pan oeddem wedi bod yn ddigon ffôl i osod ein carafan gyda'r adlen yn wynebu'r mor yn rhan o chwedloniaeth ein teulu ni. Cawsom ein deffro gan wynt aruthr yn rhuthro, y garafan yn siglo, cenllysg yn chwipio'r waliau a'r adlen yn curo'n daer ar y drws. Roeddwn i dan bwysau teuluol i fynd allan i sicrhau fod y pegiau yn eu lle, ond yn dadlau bod mwy o'm hangen y tu mewn, fel balast. Ond wedyn dyma glec wrth i bolion yr adlen godi i'r awyr fel tri mast, a'r canfas yn llenwi fel hwyl. Cafwyd cryn drafferth i agor y drws er mwyn i Alwena, Siôn a finnau fynd allan i ganol y drin i geisio cael yr adlen yn ôl i'r ddaear cyn iddi rwygo. Wrth i bawb weiddi gorchmynion ar ei gilydd, a Lois o glydwch ei sach cysgu yn dweud wrth bawb am fynd i'w gwlâu, dyma Siôn, yn ei ddoethineb deuddeg oed, yn gweld yr ochr olau. 'O leiaf,' meddai, 'rydan ni'n cael tipyn o *quality time* efo'n gilydd fel teulu!' Drannoeth roedd popeth yn dawel, yr haul yn tywynnu, a phawb yn cael hwyl.

Yn yr haf mae yna sawl arwydd Gwely a Brecwast o amgylch y pentref, ond erbyn mis Medi roedd y rhan fwyaf wedi'u tynnu i lawr dros y gaeaf. Penderfynais holi am le yn nhafarn Brics, lle bydd rhai o'n ffrindiau yn aros yn ystod yr haf. Does a wnelo'r enw ddim byd â gwneuthuriad y lle, a gall hynny fod yn gamarweiniol.

Un haf roeddwn i'n reidio beic yn ôl i'r Cae, lle'r oedd gweddill y criw yn aros amdanaf er mwyn inni fynd allan am bryd o fwyd. Daeth tecst gan Morag, ein ffrind o'r Alban, yn gofyn lle'r oeddwn i. 'Passing Brics,' atebais. 'Must be painful,' oedd y neges yn ôl. Bric ydi enw'r teulu sy'n cadw'r dafarn ers cenedlaethau. Ac i Brics yr es i y tro yma i chwilio am lety, gan led ofni bod eu tymor gwely a brecwast ar ben. 'Mi wnawn ni rywbeth,' meddai Adrienne, gwraig y tŷ a daeth yn amlwg y byddwn yn cael y lle i gyd i mi fy hun.

Tafarn fach gyntefig, efo cownter siop yn troi'n far tua'r canol, oedd Brics pan ddechreuais ddod i'r ardal. Dwi ddim yn cofio oedd yma doiledau ai peidio. Ond roedd y canu Gwyddeleg yn werth ei glywed ac yn hollol ddilys, nid rhywbeth wedi'i greu ar gyfer twristiaid.

Heddiw mae'r lle wedi dyblu os nad treblu yn ei faint, ond mewn ffordd chwaethus a di-lol. Mae'r bar yn ddigon mawr i gynnal y nosweithiau cerddoriaeth gorlawn ganol haf, ac yn ddigon clyd i beidio bod yn oeraidd yn y gaeaf: llawr cerrig, parwydydd pren, tân coed a mawn, a phaneli gwydr lliw yn adlewyrchu rhai o drysorau cynhanesyddol yr ardal. Mae'r siop yn dal yma, ac wrth ei hochr, adeilad gweddol fawr ble mae llofftydd i bererinion fel fi.

Y teulu cyntaf i mi ddod i'w adnabod yn yr ardal oedd Donncha a Síle Ó Conchúir a'u chwech o blant. Donncha, prifathro ysgol gynradd y pentref, oedd cadeirydd cyntaf y gymdeithas gydweithredol, a'i weledigaeth o oedd yn llywio llawer o'i gweithgareddau yn 1969. Roedd wedi astudio Cymraeg Canol ym Mhrifysgol Corc a'i gyfarchiad, wrth inni gyrraedd y tŷ, fyddai 'Croesaw. Eisteddwch'.

Bu Donncha farw yn 2004, ond cadwodd ei wraig Síle a'r mab Aodán ddrws agored i bawb fyddai'n galw. Dim ond y fam oedd adref pan alwais y tro hwn. Doedd hi ddim wedi disgwyl fy ngweld i ym mis Medi, ond yr un oedd y 'croesaw' wrth inni sgwrsio am yr hen ddyddiau. Un o Belfast ydi Síle yn wreiddiol, ac roedd newydd ddod adref o wyliau yn y Gogledd. 'Roedd yn braf iawn yno, popeth mor ddistaw i'w gymharu ag yma,' meddai, oedd yn rhoi delwedd newydd i Ogledd Iwerddon.

Holais hi am effaith y 'Teigr Celtaidd' ar yr ardal, a chael ar ddeall yn syth nad oedd ganddi lawer o feddwl o'r anifail hwnnw. 'Hwyrach bod pethau'n edrych yn fwy llewyrchus, ond mae unig siop y pentref wedi cau, a'r swyddfa bost wedi cau. Mae'n bosib bod bai ar y rhai oedd yn eu rhedeg nhw. Byddai mwy o obaith i'r post petai siop yno hefyd.

Bron gyferbyn â thŷ Síle mae ffatri yn cynhyrchu dŵr potel, Kerry Spring Water. Roedd yr adeilad wedi ei godi gan y gymdeithas gydweithredol, i gynhyrchu nwyddau metel mewn ardal heb unrhyw draddodiad diwydiannol. Roedd maint yr her i'w gweld pan aeth Donncha â fi i weld y lle yn 1969. Allan o'r gweithlu o ddeg, dim ond pump oedd wrth eu gwaith. Roedd hi'n ddydd Mercher, a'r pump arall yn dal yn Nulyn yn dathlu buddugoliaeth Kerry ar y dydd Sul.

'Mae'r gymdogaeth yma fel dyn yn boddi,' meddai Donncha wrthyf ar y pryd. 'Mae'r llywodraeth yn estyn llaw i'w helpu, ond cyn yr achubir hi bydd yn rhaid i'r gymdogaeth ei hun estyn llaw i'w chyfarfod'. Y gamp fwyaf oedd newid agweddau. 'Mae gennym dreftdaeth wych, pe baem ni ond yn sylweddoli hynny. Ein diffyg mwyaf yw diffyg menter a diffyg gallu i drin arian. Os gallwn ni feithrin y rhinweddau hynny trwy'r co-op, dydi hi ddim yn rhy hwyr i achub yr ardal.'

Tybed beth fyddai Donncha yn ei feddwl o gyflwr y pentref heddiw? Doedd Síle ddim am feirniadu gormod, ond roedd hi'n amau na fyddai ei gŵr yn rhy hapus gyda chyfeiriad presennol y co-op. Roedden nhw'n cyfyngu eu gweithgarwch i gyrsiau dysgu Gwyddeleg a materion diwylliannol, ac wedi troi cefn ar gynhyrchu a chreu'r ysbryd hunangynhaliol yr oedd Donncha mor frwd drosto. Awgrymodd y dylwn gysylltu â'i merch hynaf Máire pan fyddwn yng Nghonamara yn ystod fy nheithiau. Roedd ganddi ddiddordebau digon tebyg i'w thad, meddai.

Yr Offeiriad

Tra oeddwn i yn y tŷ galwodd ffrind i Síle, a dweud na allai aros yn hir gan ei bod wedi gwahodd 'Andy' i swper. Roedd yn aros am gyfnod yn nhŷ ei fam yn yr ardal. Pan oedden ni'n dod i'r ardal gyntaf roedd bachgen ysgol o'r enw Andy yn gweithio yn nhafarn Ó Catháin. Byddai'n gymwynasgar iawn yn llenwi'n jariau dŵr o'r tap yn y cefn. Y tro diwethaf i ni ei weld roedd yn paratoi i fynd yn offeiriad. Ar ôl i'r ymwelydd adael, holais Síle, a chael cadarnhad mai'r un Andy oedd hwn a'i fod bellach yn offeiriad yn Swydd Carlow yn y de-ddwyrain. Rhoddodd wybod imi ymhle'r oedd tŷ ei fam, a phenderfynais alw i'w weld cyn iddo fynd allan am ei swper.

Wrth gerdded i gyfeiriad y tŷ, gwelais ddyn yn cerdded i fy nghwfwr yn siarad Gwyddeleg efo ci bach gwyn a brown o'r enw Sam. Wrth iddo ddod yn nes, sylweddolais mai hwn oedd Andy Leahy, ac roeddwn i'n eitha balch iddo yntau fy adnabod. Rhaid nad oeddwn wedi heneiddio cymaint â hynny. Gwahoddodd fi i'r tŷ a chefais dipyn o'i hanes.

Roedd wedi cael ei ordeinio'n offeiriad yn 1986, ar ôl astudio yn Nulyn. Ar un cyfnod roedd wedi

Y Tad Andy Leahy

20

gadael yr offeiriadaeth a mynd yn athro ysgol gynradd.

'Roeddwn wedi cael fy nadrithio braidd ac yn teimlo 'mod i angen toriad. Ond wedyn mi syweddolais bod gan bobol anghenion ysbrydol o hyd, ac y gallwn i o bosib eu helpu. Dydw i ddim yn trio dweud y gwirioneddau mawr wrthyn nhw, dim ond bod yno'n gwmni pan fyddan nhw angen hynny.'

Holais yntau am y newid a fu yn yr ardal. Dydi'r bobol ifanc ddim yn gorfod gadael yn un haid erbyn heddiw ac wrth gwrs mae hynny'n beth da. Ond mae 'na rywbeth wedi mynd ar goll hefyd. Mae pawb wedi mynd yn fwy materol a does 'na ddim cymaint o'r ysbryd cymunedol oedd i'w weld pan oeddech chi'n dechrau ymweld â'r ardal. Mae pobol yn teimlo nad ydyn nhw gymaint o angen eu cymdogion.'

Sut oedd o'n teimlo ynglŷn â'r diffyg parch honedig at offeiriaid, o'i gymharu â'r hen ddyddiau?

'Roedd o'n fwy o ofn nag o barch, a diolch i Dduw bod y dyddiau hynny drosodd. Mae'n rhaid i chi haeddu parch.'

Sut oedd o'n gweld rhagolygon yr Wyddeleg yn yr ardal? 'Mae'n anodd dweud. Ro'n i'n cerdded heibio'r ysgol y diwrnod o'r blaen ac roedd yn dorcalonnus clywed yr holl Saesneg gan y plant. Ac ar y llaw arall mae 'na fwy o falchder gan bobol ifanc yn yr iaith nag a fyddai.

'Pan o'n i'n blentyn allwn i ddim aros i fynd o'r ardal. Roeddwn i'n credu nad oedd dim byd yma. Ond erbyn hyn rydw i'n gwerthfawrogi ysbrydolrwydd y lle, a'r harmoni rhwng môr a thir, rhwng pobol a natur. Dyna sy'n gwneud y lle yn arbennig ac rydw i'n falch iawn mod i wedi fy magu yma.'

Y Gwesty

Cerddais i fyny lôn fach gul at adeilad mawr gwag. Tristwch oedd canfod un flwyddyn bod gwesty'r Granville wedi cau. Cyn hynny doedd cau ddim yn un o ragoriaethau'r lle a ddisgrifiwyd yn yr *Irish Times* fel 'the most eccentric hotel in Ireland'. Ar ôl i'r gloch ganu ym mhobman arall y byddai pobol yn cyrraedd y Granville. Roedd y landlord, Billy, yn ddyn urddasol gyda gwallt gwyn, a fedyddiwyd yn Gwynfor Evans gan Siôn Pengamdda, a arhosodd yno unwaith ar drip blynyddol papur bro *Y Ffynnon*. Ambell dro byddai Billy a'i wraig Breege yn mynd i'w gwlâu gan adael pawb i helpu eu hunain a gadael yr arian mewn bocs. Dro arall byddai'n sefyll fel sentri wrth y drws: 'Sorry, Ioan, but it's half past two. Two o'clock would be fine, but not half past.'

Un flwyddyn comisiynodd Alwena a finnau ddafad gan John Hughes y Groggs ym Mhontypridd efo slogan ar ei hochor yn dweud 'Happiness is a pint in the Granville at dawn'. Chafodd yr un anrheg erioed fwy o groeso. Ychydig ar ôl hynny cafodd Billy drawiad ar ei galon pan oedd yn ymdrochi yn un o'r traethau lleol efo'i blant. Bu farw'n 44 oed. Cynhaliwyd offeren iddo ym mar y Granville, ac yn ôl un tyst roedd dafad John Hughes yn edrych i lawr yn awdurdodol ar y galarwyr o'i gorsedd uwchben yr optics.

Un noson mi gerddais i far y Granville ar awr go hwyrol a sylwi bod yno fwy o chwerthin nag arfer. Y rheswm oedd fod Billy wedi cael gafael ar rywbeth tebyg i allweddellau piano, un mawr wedi ei osod fel carped ar y llawr. Yr her oedd dawnsio arno gan roi'ch traed ar y nodyn iawn ar yr amser iawn er mwyn cynhyrchu tôn. Roedd hynny'n dipyn o gamp, yn enwedig os oedd y perfformiwr ychydig yn simsan ar ei draed.

Ynghanol y miri, dyma ddyn yn codi yng nghornel y bar a cherdded ataf i ysgwyd llaw. 'How are you Ioan, my friend?' Pwy oedd o ond Bertie Aherne, Gweinidog Llafur Iwerddon ar y pryd, a fedrwn i ddim peidio ag ymchwyddo rhyw gymaint wrth iddo gofio fy enw. Yn anffodus roedd Alwena, oedd am unwaith wedi cyrraedd y dafarn o fy mlaen, wedi'i glywed yn dweud wrth Billy, 'I must go and talk to that Welshman. What's his name again?' Dyna'r ddawn a'i gwnaeth maes o law yn Brif Weinidog.

Mi ddaethom i'w adnabod yn weddol dda dros y blynyddoedd, gan y byddai ar ei wyliau ar yr un adeg â ni. Gofynnodd un o'r plant inni unwaith, pan oedden nhw'n fach, 'Lle mae Hyrn?' Roedd wedi cymryd fod Byrti a Hyrn yn ddau berson, ond mai dim ond un fyddai'n dod i'n golwg ni.

Pan oedd yn Weinidog Cyllid, mi welais rywun rhyfeddol o debyg iddo yn cerdded un prynhawn efo'i ddwy ferch ar hyd llwybr sy'n amgylchynu'r Cae. Roeddwn i wrthi'n darllen yr *Irish Press*, oedd â'r prif bennawd 'Punt under threat as financial crisis looms'. Bore trannoeth fe'i gwelais y tu allan i'r eglwys yn y pentref, a chael cadarnhad mai fo oedd o. Pan soniais am y pennawd, dywedodd gan wenu na fydd o byth yn darllen papur newydd ar ei wyliau.

Fe'i hatgoffais o'r digwyddiad hwnnw ychydig flynyddoedd wedyn ar ôl inni daro arno yn nhafarn Paudi Ó Se un prynhawn Sadwrn. Roedd erbyn hyn wedi ei ddyrchafu i swydd y Taoiseach, ond doedd hynny ddim wedi ei wneud damaid yn llai cymdeithasol. Esboniodd ei fod yn arfer dweud wrth ei staff yn Nulyn am beidio amharu ar ei wyliau os nad oedd rhywbeth pwysig yn galw. Fe allen nhw ddelio â materion dibwys eu hunain. Y dyddiad oedd 15 Awst, 1998. Y noson honno, pan oedden ni'n bwyta'n swper yn y Smerwick Harbour Hotel, daeth y newydd ar y teledu fod bom y 'Real IRA' wedi lladd naw ar hugain o bobol ac anafu dros ddau gant yn Omagh, Swydd Tyrone. Welson ni mo'r Taoiseach wedyn ar y gwyliau hwnnw.

Y Ddau Dónal

'Mas o'ma!' gwaeddodd Dónal Óg, a hynny cyn fy mod i mewn trwy'r drws. Dónal ydi perchennog tafarn Ó Catháin. Ei daid, Dónal arall, oedd y tafarnwr pan alwais yno gyntaf yn 1969. Ystyr 'Óg' ydi ifanc, ac mae angen y label er mwyn gwahaniaethu rhwng y ddau Dónal Ó Catháin.

Roedd Dónal yr Hynaf yn un o batriarchiaid y pentref: dyn sarrug ar yr olwg gyntaf, ond yn llawn hwyl a direidi, ac yn frwd dros yr Wyddeleg. Pan ddechreuodd criw o Gymry fynychu'r dafarn roedd eisiau gwybod sut i'n troi allan yn ein hiaith ein hunain. Wnaeth o erioed feistroli 'Cerwch allan', ond daeth gwaredigaeth un flwyddyn pan gyrhaeddodd ffrindiau o Sir Benfro. Roedd 'Mas o 'ma' yn haws ei ddweud, fel y profodd Dónal Óg, oedd yn cofio'r ymadrodd ers dyddiau ei daid.

Doedd Dónal yr Hynaf ddim mor amharchus â Billy Granville o'r oriau trwyddedu. Dim ond ar achlysuron arbennig y byddai criw dethol yn cael aros tan yr oriau mân. Ar un o'r nosweithiau hynny daeth plismon y pentref i mewn pan oedd bysedd y cloc wedi hen fynd heibio'r amser cyfreithiol, ac aeth pawb adref yn dra sydyn. Y tro nesaf i ni alw, cawsom ymddiheuriad gan Dónal. Eglurodd fod criw o'i gefndryd o America ymhlith y gwesteion y noson honno, a'u bod yn amlwg â'u bryd ar fwynhau'r craic tan berfeddion. Roedd Dónal wedi blino ac angen ei wely, ond doedd o ddim eisiau tramgwyddo'i berthnasau. Felly, yn hytrach na chau'r bar ei hun, roedd wedi ffonio'r plismon a gofyn iddo alw heibio.

Pan fu farw Dónal yn 1994, roedd rhai'n ofni y byddai'r busnes yn mynd â'i ben iddo. Roedd Dónal Óg yn gweithio yn America ar y pryd, ond pan glywodd am farwolaeth ei daid, daeth adref i lenwi'r bwlch. Yn ei ffordd ddi-stŵr mae wedi ail-godi'r busnes trwy ddenu cenhedlaeth newydd, yn darparu'r bwyd gorau yn y pentref ac wedi adnewyddu tu mewn yr adeilad heb ladd ei gymeriad.

Ar noson o Fedi roedd ganddo ddigon o amser i sgwrsio, rhywbeth a fyddai'n amhosib ym mhrysurdeb canol haf. Pobol ifanc mewn crysau Kerry, Celtic a Man U oedd yn llenwi seddau fyddai gynt yn llawn o hen begoriaid mewn capiau stabal. Roedd mwy o Saesneg na Gwyddeleg i'w glywed yma heno, er mai fi oedd yr unig fisitor mwyar duon. Roeddwn yn falch o weld fod y busnes yn medru byw heb y lliaws ymwelwyr..

'Roeddwn i wedi bod yn helpu fy nhaid yma ers 1991, ond yn 1994 mi adewais a mynd i America i wneud gwahanol bethau,' meddai Dónal Óg. 'Mi fûm yn Efrog Newydd ac yn Springfield, Massachussets, lle mae llawer o bobol o'r ardal yma'n byw. Yn Springfield roedd 'na Americanwyr nad oeddwn i erioed wedi eu gweld o'r blaen yn fy nghyflwyno i bobol ac yn dweud "Dyma ŵyr Dónal Ó Catháin." Ond ar ôl imi fod yn America am chwe mis daeth SOS yn dweud bod fy nhaid wedi marw, a bod eisiau imi ddod adref.'

Gofynnais iddo pa effaith oedd adfywiad economaidd y wlad wedi ei gael ar yr ardal.

'Mae pethau'n well o lawer yma,' meddai ar ei ben. 'Dydi pobol ddim yn gadael fel yr oeddan nhw. Fuo 'na erioed lawer o ddiweithdra yma, achos os nad oedd ganddoch chi waith roeddech chi'n symud i rywle arall. Erbyn hyn mae'r rhan fwya yn aros.'

Ydi hynny'n beth da o safbwynt yr Wyddeleg?

'Mae'r iaith yn marw. Mae llawer o bobol sydd heb y Wyddeleg yn symud i mewn. Ac eto mae agweddau rhai pobol wedi gwella. Mae 'na ambell un nad ydw i ddim yn eu cofio nhw'n siarad Gwyddeleg o gwbl pan oedden ni yn yr ysgol yn dod ata i rŵan a siarad yr iaith.'

Gofynnais iddo pa ganran o'i fywyd oedd yn cael ei fyw trwy'r Wyddeleg. 'O leia 50 y cant. Efo'r teulu, Gwyddeleg bob gair. Ond mae pobol ifanc yn y bar yn tueddu i droi i Saesneg pan fydd rhywun di-Wyddeleg yn dod i mewn.' Dechreuais innau deimlo'n euog na allem gynnal y sgwrs mewn Gwyddeleg. A chofiais siarad â'r Dónal arall flynyddoedd ynghynt, pan ddaethom i'r casgliad fod Saesneg, fel Esperanto, yn ddefnyddiol iawn fel cyfrwng cyfathrebu.

Y Co-op
Bore drannoeth roeddwn i yn ôl yn yr union swyddfa lle'r oedd Tony Barrat, rheolwr Comharchumann Forbatha Chorca Dhuibne, neu'r co-op, wedi cymryd trugaredd ar Wil a finnau yn 1969, blwyddyn y Cortina. Dyn ar dân oedd Mr Barrat, un oedd yn edrych lawn mwy cyfforddus ar ben un o beiriannau aredig dwfn y co-op nag oedd o y tu ôl i'w ddesg. Y math o ddyn, hwyrach, yr oedd ei angen am gyfnod byr i yrru'r cwch i'r dŵr.

Mae ei olynydd, sydd wrth y ddesg heddiw, yn fwy pwyllog a difrifol. Mwy o ddyn i ddal ati a llywio'r cwch trwy stormydd. Ac yn wir mae Gearóid Ó Brosnáchain yn y swydd ers 1981. Sut oedd o'n gweld y co-op wedi datblygu?

Y peth cyntaf i'w ddweud amdani , meddai, oedd ei bod hi'n dal yma. Roedd cymdeithasau cydweithredol eraill yn mynd a dod, ond roedd Comharchumann

Comharchumann
Forbartha Chorca Dhuibhne
Fón: 066-9156100
Fax: 066-9156348
vw.corca-dhuibhne.com   Ephost: cfcdteo@iol.ie
Coláistí Chorca Dhuibhne
Oidhreacht Chorca Dhuibhne

Gearold Ó Brosnachain

Forbatha Chorca Dhuibne wedi gwasanaethu'r gymuned ers deugain mlynedd. Roedd hi wedi gwneud hynny trwy addasu yn ôl yr angen. Ac roedd y dyfodol yn edrych yn fwy llewyrchus, gan fod Baile an Fheirtéaraigh am gael prifysgol. Roedd hynny'n gymaint o syndod i mi a chlywed am Brifysgol Maenclochog, neu Fynytho. Ond na, roedd o o ddifri. Roedd Prifysgol Galway am sefydlu cangen mewn adeilad newydd sbon i'r gorllewin o'r pentre, adeilad fyddai hefyd yn rhoi pencadlys i'r co-op. Byddai cyrsiau diploma, gradd ac ôl-radd ar gael trwy'r iaith Wyddeleg.

'Yr iaith ydi diwydiant mwyaf llwyddiannus yr ardal,' meddai'r rheolwr. 'Bydd 2,250 o fyfyrwyr rhwng 10 a 18 oed wedi bod yma eleni yn dysgu Gwyddeleg. Mae'n golygu 14 o swyddi amser llawn a dau gant o rai rhan amser, ac yn creu trosiant o 3 miliwn ewro.'

Doedd ganddo ddim amheuaeth mai dyma'r trywydd iawn i'r co-op, ac yn ei gyfnod o wrth y llyw yr oedd llawer o'r hen weithgareddau cynhyrchu wedi eu dirwyn i ben.

'Yr iaith ydi'n hadnodd naturiol mwyaf gwerthfawr ni. Pe bai'r iaith yn mynd, byddai'r swyddi i gyd yn diflannu. Ond wnawn ni ddim gadael i hynny ddigwydd.'

Llenor lori laeth

Does dim byd gwaeth, wrth dynnu carafan ar hyd lonydd troellog Kerry, na chyfarfod lori laeth yn un o'r llefydd culaf. Digwyddodd hynny i ni droeon ar ddechrau gwyliau, ond byddai'r diawlio'n troi'n chwerthin os mai Maidhc Dainín Ó Sé fyddai'n gyrru'r lori. Fel cerddor y daethom ni i adnabod Maidhc gyntaf. Byddai'n chwarae'r acordion, neu'r 'bocs', yn fedrus iawn, ar ei ben ei hun neu mewn grŵp, o gwmpas y tafarnau. Wyddem ni ddim ar y pryd bod ganddo ddawn y llenor hefyd. O dipyn i beth, daeth yn adnabyddus trwy'r wlad, wrth i'w lyfrau gael eu hastudio mewn ysgolion ac, yn achos un, ei droi'n ffilm. Ond wnaeth enwogrwydd ddim newid ei arferion: byddem yn dal i'w weld yn aml yn nhafarn Dick Mack yn yfed paned o de yn y pnawn.

Roeddwn wedi trefnu i fynd i'w gartref am sgwrs yn ystod fy nhaith, ond bu rhaid gohirio hynny wedi iddo gael galwad i chwarae'r bocs yn angladd cymdoges. Roedd eisiau i mi fynd yno hefyd, gan y byddai'n ddiwrnod da. Ond doeddwn i ddim digon Gwyddelig fy natur i fwynhau fy hun yn angladd gwraig nad oeddwn erioed wedi ei gweld ar dir y byw.

Felly dyma ohirio'r ymweliad am ddiwrnod, a cholli fy ffordd dro ar ôl tro wrth geisio dilyn ei gyfarwyddiadau i'w dy wrth droed Brandon, y mynydd uchaf ond un yn Iwerddon.

'Mae'r mynyddoedd yma'n fy ngwarchod i,' meddai pan gyrhaeddais o'r diwedd. 'Dwi wrth fy modd yn y plwyf yma, does dim cymaint o dwristiaid ag mewn llawer o lefydd eraill.'

Maidhc Dainin Ó Sé

Mae'n byw mewn byngalo a gododd ei hun efo help ei dad a'i frawd, ac yn gweithio wrth ei gyfrifiadur yn y garej a drodd yn stydi. Mae wedi cyhoeddi pymtheg o lyfrau Gwyddeleg, yn ffuglen, hunangofiant a chyfrol farddoniaeth, ac mae'r cyntaf newydd gael ei gyfieithu i Saesneg dan y teitl *House Don't Fall on Me* – ymadrodd Gwyddeleg sy'n mynegi syndod, fel 'brensiach y bratia' neu 'hawyr bach'. Mae'n sôn am ei blentyndod tlawd yn yr ardal, ei gariad at gerddoriaeth, a'r ffordd y gadawodd am Lundain i chwilio am waith yn 17 oed ar ôl dweud wrth ei rieni ei fod yn mynd i Ddulyn i weld gêm bêl-droed. Symudodd wedyn i Chicago lle priododd Wyddeles o ran arall o Kerry. Roedd yno pan saethwyd y Kennedys a Martin Luther King, cyn i'r ddau ddod yn ôl i'w cynefin gyda'u dau fab yn 1969.

Mae'r gyfrol honno'n boblogaidd gyda phlant ysgol am ei bod wedi disodli Peig, un o awduron ynysoedd y Blasget, oddi ar y cwricwlwm cenedlaethol. Doedd Peig ddim yn cael ei gwerthfawrogi gan blant, oedd yn ystyried ei llyfrau'n hen ffasiwn a sych.

'Dwi wedi cicio Peig allan o'r gwely!' meddai. 'Na, doedd dim bai arni hi fod plant ddim yn mwynhau ei llyfrau. Roedden nhw'n gorfod eu darllen pan oedden nhw'n rhy ifanc i'w gwerthfawrogi.'

Mae'n hawdd deall pam fod gwaith mwy mentrus Maidhc yn apelio. Mae ganddo un stori amdano'n cael ei ddal, yn 16 oed, yn dringo ysgol i ffenest merch yr oedd wedi ei chyfarfod pan oedd hi ar gwrs Gwyddeleg yn yr ardal. Ei wobr oedd cael ei golbio ar draws ei gefn gan wraig y tŷ efo brwsh llawr.

Roedd wedi cadw nodiadau manwl o'i holl symudiadau tra oedd yn Llundain ac America. Yn ôl yn Iwerddon, gofynnodd ei wraig beth oedden nhw am ei wneud â'r papurau, gan awgrymu eu llosgi. 'Dwi am eu defnyddio nhw ar gyfer llyfr,' meddai Maidhc. 'Dydi gyrwyr lori ddim yn sgwennu llyfrau,' meddai hithau.

Ond sgwennu a wnaeth, ac ar ôl i actor ddarllen y llawysgrif cyntaf ar Raidio na Gaeltachta, perswadiwyd cwmni o Ddulyn i'w gyhoeddi. Doedd dim troi'n ôl wedyn.

Bu Maidhc yn gyrru'r lori laeth am 35 mlynedd, ac yn cyfansoddi llawer wrth y llyw. 'Os oedd rhyw syniad yn dod i fy mhen roedd rhaid ei roi i lawr yn syth. Roedd y bos yn pasio unwaith pan oeddwn i wedi parcio'r lori, ac mi welodd ddarnau o bapur yn hedfan allan trwy'r ffenest. Doeddwn i ddim yn cael llawer o hwyl arni, a doedd pobol ddim yn poeni cymaint am yr amgylchedd yr adeg honno.'

Ar ôl ymddeol yn 2001 mae'n brysurach nag erioed, yn canu'r acordion ac ymweld â thua chant o ysgolion y flwyddyn i sôn am ei waith. Aeth sianel deledu TG4 a fo i America i ddilyn ei hen lwybrau ar gyfer ffilm o'i hunangofiant.

Mae'n ddyn bodlon ei fyd, a rhai o'i blant wedi cartrefu mewn clwstwr o dai o gwmpas ei fyngalo.

'Pan oeddwn i angen arian doedd gen i ddim, ond nawr nad oes cymaint o'i angen mae digon ohono,' meddai. Ac mae'n ystyried yr adfywiad yn economi Iwerddon yn fendith fawr. 'Roedd ein rhieni'n dweud wrthyn ni ein bod wedi cael ein geni i adael. Doedd dim byd i'w wneud yma ond sefyllian mewn ffosydd. Erbyn heddiw mae'r plant yn cael gwaith yma, ac mae pobol o wledydd eraill yn dod yma i fyw. Mi ddylen ni eu croesawu nhw. Mae'n bryd inni roi rhywbeth yn ôl.'

Ynysoedd y Blasgets

Prin y bydd unrhyw wyliau'n mynd heibio na fyddwn ni'n sôn am dreulio diwrnod ar ynysoedd y Blasgets. Ond oherwydd y tywydd neu ddiffyg trefn, anaml y byddwn ni'n cyrraedd yno. Y tro yma doedd dim esgus, gan fod fy niwrnod olaf cyn gadael Kerry yn un heulog braf.

Ar y lanfa yn Dún Chaoin gwelais Micheál de Mordha, pennaeth y ganolfan ar y tir mawr sy'n dehongli'r ynysoedd i ymwelwyr. Roedd yntau ar ei ffordd i'r ynys gyda chriw teledu o RTE, ond ar gwch gwahanol. Eu cwch nhw a hwyliodd gyntaf, gan fy ngadael i aros am y Blasket Princess mewn cwmni brith o ddinasyddion Arkansas, yr Almaen, Corc a Lerpwl. .

Gadawodd y trigolion olaf yr ynys yn 1953, llawer ohonyn nhw i un man, Springfield yn Massachussets. Yn

Micheál de Mordha

1994, pan oeddwn i'n crwydro Iwerddon efo Lyn Ebenezer i ffilmio rhaglenni teithio o'r enw Pedwar Cae, buom yn ffilmio gwraig oedd yn byw yn Springfield yn ail ymweld ag adfail y tŷ lle magwyd hi, oedd hefyd yn swyddfa bost yr ynys. Gofynnodd Lyn iddi oedd pobol Springfield yn hel atgofion yn aml am yr ynys. 'Bob diwrnod o'n bywyd,' meddai.

Roedd Micheál de Mordha efo ni y tro hwnnw ac yn stôr o wybodaeth am yr ynys. Heddiw roedd yn rhoi'r un gwasanaeth i griw RTE, a minnau a dwy ferch o Gorc yn dilyn o hirbell gan wrando ar ei straeon. Prif ddiddordeb y criw, fel y rhan fwyaf o ymwelwyr, oedd cartrefi'r llenorion a wnaeth yr ynys yn fyd-enwog trwy gofnodi bywyd oedd wedi diflannu.

Ond roedd gan y ddwy ferch o Gorc, Mary a Phil, fwy o ddiddordeb yn un arall o'r bythynnod. Roedden nhw eisiau gwybod pa un oedd cartref y 'Jap'. Pwyntiodd Micheál at un o'r tai lleiaf ond un â'i do'n gyfan a'i ddrws wedi'i beintio'n felyn. Enw iawn y 'Jap' oedd Tomás Keane, dyn dewr, golygus, poblogaidd gyda'r merched, ond yn hoff o'i wisgi. Yn 1976 roedd wedi priodi merch o'r enw Eileen a dod i fyw i'r ynys. Yn fuan wedyn, roedd yn rhwyfo adref o'r tir mawr. Cafwyd hyd i'r cwch â'i ben i waered, ond ddaeth corff y Jap byth i'r golwg. Roedd un o'r merched o Gorc a adawyd yn weddw yn gyfarwydd â'r stori'n iawn. Y rheswm bod ganddi ddiddordeb yn y tŷ oedd mai Eileen oedd ei ffrind gorau yn yr ysgol.

Ar y ffordd yn ôl aeth gyrrwr y cwch, cymeriad o'r enw Pedro, â ni heibio Inis Mhic Uileáin, oedd yn rhan o gyfoeth amheus y cyn brif weinidog Charlie Haughey. Gofynnais i Pedro pwy oedd yn berchen yr ynys ar ôl ei farwolaeth. 'Mae hi'n dal gan deulu Charlie,' meddai. 'Mae 'na sôn eu bod nhw am ei rhoi hi yn ôl i'r wladwriaeth.' Doedd o ddim o ddifri.

Ar y graig ger y lanfa, gwelais enw wedi ei beintio mewn llythrennau breision. Roeddwn wedi sylwi arno wrth aros am y cwch draw i'r ynys, heb ddeall ei arwyddocâd. Yr enw oedd TOMÁS KEANE. Mae'r cof am y Jap yn dal yn fyw.

Y Corcyn

Y peth gwaethaf ynglŷn â Baile an Fheirtéaraigh ydi ei fod o'n lle anodd iawn ei adael. Gallaf feddwl am sawl un a fu'n ffarwelio'n hir ac yn daer â ffrindiau ar ddiwedd gwyliau cyn ei chychwyn hi am Ddulyn neu Rosslare, ac yn ailgodi pabell, ailbarcio carafan neu chwilio am wely a brecwast ar ôl cael eu temtio i aros noson arall. Rhag ofn i demtasiwn ddod i fy rhan innau, gadewais Brics ben bore heb ffarwelio â neb na chymryd golwg hiraethus arall ar y Cae. Roeddwn ar y ffordd i gyfarfod hen ffrindiau yn ninas Corc.

Mae'r ffordd yn mynd â chi heibio traeth hir Inch, sy'n gyfarwydd trwy'r byd gan mai yma y ffilmiwyd mwy o olygfeydd 'Ryan's Daughter'. Y tu draw i'r bae hwnnw mae'r penrhyn sy'n cynnwys mynydd uchaf Iwerddon, Corrán Tuathail (*Carrantouhill*). Ymlaen trwy Killarney dwristaidd, gan gofio digwyddiad, pan oeddwn yn ifanc a ffôl, a allai fod wedi mynd â phedwar ohonom i drybini. Ar ôl gwisgo ar gyfer cerdded mynyddoedd, roedden ni wedi troi i mewn i dafarn i aros i gawod fynd heibio. Bu'n gawod hir, a'r unig gerdded a welwyd oedd ymlwybro dan ganu yn ôl i'n llety wedi nos. Dyna pryd y cyrhaeddodd car â GARDA ar ei do. 'Have you been making unnecessary noise?' gofynnodd y plismon. Buom yn pendroni tipyn uwchben y cwestiwn, nes i'r ieuengaf yn y cwmni dweud yn bwyllog feddylgar, 'No, sir, I wouldn't say it was unnecessary.' Cawsom gyngor i ymdawelu a mynd i'n gwlâu.

Cyn hir roeddwn i yn Baile Bhuirne (*Ballyvourney*) a Gaeltacht Swydd Corc. Roedd llawer o'r arwyddion swyddogol yn y pentref yn uniaith Wyddeleg, ond doedd fawr o le i'r iaith ar arwyddion preifat. Ymhlith y rheini roedd un rhyfedd iawn yn hysbysebu Tasty Wrought Iron.

Hon yw ardal Barra Tobin, a gafodd y dasg amhosib unwaith o ddysgu Gwyddeleg i griw oedd yn cynnwys Alwena a finnau mewn dosbarth nos yn hen ganolfan yr

Urdd yng Nghaerdydd. Byddai Barra, a ddysgodd Gymraeg ei hun, yn dod â rhai o'i ddysgyblion Gwyddeleg i aros yn yr ardal hon i ymarfer yr iaith, ond rhaid ein bod ni wedi disgyn ar fin y ffordd cyn cael y profiad hwnnw.

Un frawddeg a arhosodd yn fy nghof ers y dosbarth hwnnw ydi *'Ta'n muc ag oiche siucra sa chistin'* – 'Mae'r mochyn yn bwyta siwgr yn y gegin'. Er mwyn profi rhyw bwynt gramadegol y dysgwyd hynny inni, nid i hwyluso'n gwyliau yn y Gaeltacht.

Roedd Dáithi Collins yn aros amdanaf y tu allan i Treacy's, croes rhwng tafarn a thŷ bwyta ynghanol canolfan siopa fawr newydd yn Ballincollig ar gyrion Corc. Roedden ni wedi dod i adnabod ei wraig Mary ac yntau pan oedden nhw'n garafanwyr helbulus yn ein cae yn Kerry – doedd Dáithi mo'r mwyaf amyneddgar pan ddeuai'n fater o drin adlen anystywallt. Gwely a brecwast oedd hi o hynny ymlaen. Pan oedden ni'n byw ym Mhontyridd byddem yn aros noson neu ddwy yng Nghorc ar ein ffordd adref ar ddiwedd gwyliau. Fel hanesydd, byddai Dáithi wrth ei fodd yn ein tywys o gwmpas yr ardal yn rhannu'i wybodaeth. Roedd ei fam yn dod o Blarney, ac os cafodd rhywun erioed ei fendithio â'r ddawn dweud sy'n cael ei gysylltu â'r pentref efo'i garreg enwog, Dáithi ydi hwnnw. Pan oedd yn gadeirydd Cymdeithas Gelfyddydol Corc, daeth yr Arlywydd Mary Robinson i'r ddinas i agor oriel gelf. Yn ôl ei wraig roedd Dáithi, wrth ei chyflwyno, wedi siarad yn hirach na Mrs Robinson.

Rhyw fath o daith hanesyddol oedd ar y gweill heddiw hefyd. Roedd wedi dweud o'r blaen nad oedd Mary'n fodlon iddo yrru'n bell iawn ('I'm teetering on the brink of senility'). Felly, ar ôl tamaid o ginio yn Treacy's, dyma adael car Dáithi yn y maes parcio a chychwyn ein taith yn y Volvo. Pan ofynnodd i ble'r hoffwn fynd, awgrymais y llefydd cysylltiedig â Michael Collins yng ngorllewin Corc. Felly i ffwrdd â ni ar draws gwlad trwy rwydwaith o lonydd troellog, prin eu harwyddion, a Dáithi'n rhybuddio, 'Nid yn y fan hyn y buaswn i wedi cychwyn.' Atgoffodd fi mai Corc ydi sir fwyaf Iwerddon.

Os cychwynnwch chi o Mizen Head yn ei phegwn mwyaf gorllewiniol, a gyrru i Ddulyn, mi fyddwch hanner ffordd trwy'ch siwrnai wrth adael Swydd Corc, meddai.

Gan bod y ddau yn Collins ac yn dod o'r un sir gofynnais iddo, ac nid am y tro cyntaf, oedd yna gysylltiad teuluol rhyngddo a Michael Collins.

'Roeddwn i tua deg oed ac yn dechrau dod i wybod am Collins – y math o ddyn cryf, golygus, dewr oedd yn arwr i fachgen ifanc. Felly dyma fi'n gofyn i 'Nhad oedden ni'n perthyn, ond mi gefais fy synnu gan ei ymateb. "Hm... thirty first cousin!" meddai. Mae hynny'n ddywediad yn Iwerddon am berthynas nad ydych chi ddim yn awyddus i'w harddel.

'Yn ddiweddarach mi ddois i wybod am y Rhyfel Cartref, a'r wlad wedi ei rhannu o blaid Collins neu o blaid De Valera. Yng ngolwg fy nhad a mam, oedd yn Weriniaethwyr digyfaddawd, roedd ganddoch chi Duw, y Pab a De Valera, nid o angenrheidrwydd yn y drefn honno. Felly doedden nhw ddim eisiau cael eu cysylltu gyda Collins. Ond roedd fy nhad ac yntau yn dod o'r un ardal ac yn rhannu'r un enw, felly mae'n rhaid eu bod nhw'n gefndryd yn rhywle, ond ai trydydd, pedwerydd neu bumed, does gen i ddim syniad.'

O'r diwedd dyma weld arwydd digon disylw yn cyfeirio tuag at Béal na mBláth, a gyrru trwy ddyffryn coediog i fan ble mae'r ffordd wedi ei lledu'n annisgwyl. Ar ochr y ffordd mae croes, ar lwyfan o frics coch a rheiliau o'i chwmpas. Ar waelod y groes mae'r enw Micheál Ó Coileáin Ychydig lathenni i ffwrdd mae carreg wen debyg i garreg filltir yn dangos yr union fan ble cwympodd Collins yn farw ar ôl cael ei saethu gan un o'i gydwladwyr: carreg filltir yn wir. Wrth ochr y groes mae hysbysfwrdd sy'n dweud yr hanes yn ffeithiol foel:

'Croeso i Safle'r Ymosodiad yn Béal na mBláth, ble llofruddiwyd y Cadfridog Michael Collins, Cadbennaeth y Fyddin Wyddelig ar 22 Awst, 1922. Gadawodd Michael Collins a'i barti Ddinas Corc oddeutu chwech o'r gloch y bore hwnnw ar daith o amgylch Gorllewin Corc. Wrth iddynt deithio yn ôl i Ddinas Corc drwy'r ffordd hon oddeutu wyth yr hwyr fe ymosodwyd ar y parti gan

Luoedd Gwrth-Gytundeb, oedd wedi cau'r ffordd. Ar ôl i'r ddwy ochr gyfnewid ergydion, lladdwyd y Cadfridog Michael Collins ar y llecyn hwn.'

Fel yn achos JFK, bydd y damcaniaethau ynglŷn â'i farwolaeth yn parhau am byth, waeth faint o astudiaethau ac ymchwil ysgolheigaidd a gyhoeddir. Mae'r rhan fwyaf yn ymwneud â sefyllfa De Valera. Roedd 'Dev' wedi gwrthwynebu'r Cytundeb yr oedd Collins a'i ddirprwyaeth wedi ei arwyddo gyda Lloyd George a chynrychiolwyr Prydain yn 1921. Roedd De Valera yng ngorllewin Corc pan laddwyd Collins, ac mae rhai yn argyhoeddedig hyd heddiw ei fod yn rhan o gynllwyn i ladd yr arweinydd mwyaf medrus a fyddai wedi cystadlu yn ei erbyn am arweinyddiaeth y wlad.

Cafodd y ddamcaniaeth honno le canolog yn y ffilm Michael Collins, gyda Liam Neeson yn chwarae'r brif ran. Gofynnwyd i Dáithi roi ei farn ar y ffilm, fel hanesydd, ar raglen deledu RTE.

'Roedd y ffilm wedi ei gwneud yn dda, ond roedd pwyslais mawr ar y ffaith fod De Valera yn yr ardal ar y pryd, gan roi argraff gref iawn bod ganddo ran ym marwolaeth Collins. Does dim rhithyn o dystiolaeth i gefnogi hynny. Roedd Collins wedi cyrraedd Corc yn ddirybudd – doedd dim modd i neb fod wedi rhagweld y byddai yno. Fuasai dim modd i De Valera fod wedi trefnu'r ymosodiad. Mi fyddai'n well petaen nhw wedi cadw at yr hyn a ddigwyddodd go iawn, a'i gyflwyno bron fel trasiedi Groegaidd. Roedd De Valera wedi cael sioc pan glywodd bod Collins wedi marw. Roedd 'na stori ar led na wnaeth ei wraig ddim siarad efo fo am wythnosau wedyn am bod ganddi hi gymaint o feddwl o Collins. Pan oedd Dev mewn carchardai yn Lloegr adeg y rhyfel annibyniaeth mae'n debyg fod Collins wedi edrych ar ôl buddiannau'r teulu, ac roedd ganddi hi barch mawr ato. Fyddai dangos siom a sioc De Valera ddim wedi gwanhau'r ffilm o gwbl.'

Beirniadaeth arall Dáithi ar y ffilm oedd bod y golygfeydd caru rhwng Collins a'i ddyweddi, Kitty Kiernan yn adlewyrchu safonau Hollywood heddiw yn hytrach na rhai Iwerddon ar ddechrau'r ugeinfed ganrif.

'Cam gastio oedd rhoi Julia Roberts i chwarae'r rhan. Doedd Kitty ddim yn ferch o bwys mawr, does dim tystiolaeth bod ganddi bersonoliaeth arbennig. Ac am y golygfeydd rhywiol, doedd pethau felly ddim yn digwydd ymysg y dosbarth canol parchus yn Iwerddon yn y cyfnod hwnnw! Mi soniodd un awdur o Tipperary am "the ferocious chastity of middle class Irish Catholic women" ac yn sicr roedd Kitty yn un o'r rheini.'

Ar ôl marwolaeth Collins fe briododd Kitty ddyn tra gwahanol: cam gwag ar ran y gŵr yn ôl Dáithi:

'Byddai rhywun yn amau doethineb unrhyw ddyn fyddai'n priodi cyn wraig neu gariad arwr carismataidd fel Collins neu Kennedy. Mae cymariaethau go anffafriol yn anochel, yn enwedig os ydych chi dipyn yn brin o rinweddau felly. Y sôn ydi bod gŵr Kitty wedi mynd yn rhy hoff o'r botel. Roedd yna lun mawr o Collins uwchben y silff ben tân, a phan gyrhaeddodd y gŵr adref o'r dafarn ar ôl cael gormod un noson, a'r wraig yn pregethu na fyddai Mick ddim wedi ymddwyn fel hyn, dyma fo'n troi at y llun ac yn dweud "Jaysus Mick, 'tis you who's the lucky man!" '

Ymlaen â ni wedyn tua Clonakilty, y dref agosaf at Sam's Cross a man geni Michael Collins. Ar ôl colli'n ffordd unwaith eto, bu'n rhaid inni holi'r ffordd mewn garej ar gyrion y dref. Roedd y perchennog yn mynnu rhoi gwers hanes i ni, a Dáithi am unwaith ddim yn cael ei big i mewn. Ei neges oedd y dylen ni hefyd fynd i weld bedd dyn o'r enw Sam Maguire, oedd wedi recriwtio Collins i'r Irish Republican Brotherhood pan oedd y ddau yn weision sifil yn Llundain. Dyma'r un Sam Maguire a roddodd ei enw i'r tlws pêl-droed Gwyddelig yr oedd Kerry newydd ei ennill trwy drechu Corc yn yr All Ireland. Yn ôl y dyn garej roedd wedi'i gladdu mewn eglwys Brotestanaidd yn yr ardal, er bod ei enw'n cael ei gysylltu ag un o'r chwaraeon mwyaf Pabyddol sy'n bod. Cyfaddefodd Dáithi wrth inni adael na wyddai mai Protestant oedd Sam Maguire.

Lleidr pen ffordd oedd y Sam a roddodd ei enw i Sam's Cross, y dreflan lle ganwyd Michael Collins. Yno daethom at groesffordd lle mae cerflun o Collins, a

Dim ond y sylfaen sydd ar ôl o hen gartref Michael Collins

thafarn y Four Alls sy'n dal i gael ei chadw gan aelod o'i deulu.

Byddai'n rhaid galw yno'n ddiweddarach, ond yn gyntaf aethom i weld man geni Collins, sydd wedi ei droi'n ganolfan goffa. Dim ond sylfaen y tŷ sydd i'w weld, ar ôl i'r Auxiliaries, milwyr oedd yn cael eu hystyried yn fwy didostur hyd yn oed na'r Black and Tans, losgi'r lle yn Ebrill 1921 gan adael brawd Michael, gŵr gweddw gydag wyth o blant, yn ddigartref.

Mae rhai o'r llyfrau am Collins yn dweud ei fod yn gartrefol yng ngwersyll-garchar Fron-goch am bod yr ardal yn ei atgoffa o'i hen gynefin. Ac wrth edrych ar y bryniau gwyrddion o gwmpas Sam's Cross roedd hi'n hawdd deall pam fod tirwedd Meirionnydd yn codi hiraeth arno am ei gartref.

Ar y ffordd i'r Four Alls dywedais wrth Dáithi fy mod yn cofio bod yno unwaith o'r blaen a gweld enw'r diweddar Phil Williams yn y llyfr ymwelwyr. Roedd hynny yn niwedd haf 1968, ddeufis ar ôl yr isetholiad yng Nghaerffili lle bu bron i Phil ennill y sedd i Blaid Cymru.

Mae'r bar yn dal yn llawn o femrabilia Michael Collins, a rhes o lyfrau ymwelwyr o dan gaeadau gwydr ar hyd un wal. Dyma godi'r caead cyntaf yn y rhes a dechrau bodio trwy gyfrol 1965, a gweld, o dan yr wythfed o Fehefin, Philip and Ann Williams, Cambridge, a'r sylw 'We could do with a Michael Collins in Wales'.

Yn y dafarn yma roedd Collins wedi galw i gyfarfod rhai o'i berthnasau a'i hen gymdogion ar ddiwrnod ei farwolaeth, er bod peth dadlau a gafodd beint ai peidio. Un yr un gafodd Dáithi a fi a hynny wrth fwrdd y tu allan er mwyn iddo gael tynnu ar ei sigâr wrth gloriannu cyfraniad ei gefnder pell.

'Dim ond 32 oedd o pan fu farw, ac mae'n anhygoel cymaint wnaeth o yn ystod ei oes fer. Ychydig iawn o addysg ffurfiol gafodd o, cyn gadael yr ysgol yn un ar bymtheg oed ac ymuno â'r gwasanaeth sifil Prydeinig. Ond fe addysgodd ei hunan ar faterion cymdeithasol ac economaidd, ac roedd o'n arweinydd ac yn drefnydd wrth natur. Roedd gwasanaeth Intelligence Prydain yr adeg honno'n cael ei gydnabod y gorau yn y byd, ond roedd yn eu drysu nhw'n rhacs. Roedd ganddo'i ddynion ei hun yng Nghastell Dulyn, calon y sefydliad Prydeinig yn Iwerddon, ac roedd pob llythyr oedd yn cael ei bostio gan un o adrannau'r Llywodraeth yn ei ddwylo o fewn 24 awr. Ond roedd ganddo hefyd ddawn o gysylltu gyda'r werin bobol, rhywbeth nad oedd De Valera'n gallu ei wneud.'

Roedd y daith yn ôl i ddinas Corc yn dipyn mwy uniongyrchol na'r ffordd draw. Un peth a dynnodd ein sylw oedd hen gar Ford Model-T, o flaen tŷ mewn pentref o'r enw Ballinscarthy. Y bwthyn hwnnw, esboniodd Dáithi, oedd cartref John Ford, taid Henry Ford a sefydlodd y ffatri geir gyntaf. Roedd John Ford wedi ymfudo i America mewn tlodi adeg y newyn datws yn 1847.

Erbyn cyrraedd tŷ Dáithi a Mary yn Model Farm Road, roeddwn i wedi teithio dau gan milltir y diwrnod hwnnw. 'A llawer o'r rheini yn hollol ddi-angen,' meddai Dáithi wrth gofio'r troi a throsi ar ein ffordd tua'r gorllewin. Doeddwn i ddim wedi bod yn y tŷ ers 1990, ond roedd hi'n anodd credu hynny wrth inni eistedd yn rhoi'r byd yn ei le hyd yr oriau mân.

Dinas Corc

Y cof pennaf sydd gen i am ddinas Corc, yn ystod fy ymweliad cyntaf ag Iwerddon, ydi'r gwely a brecwast. Y pris oedd fy unig linyn mesur y dyddiau hynny, ac roedd naw swllt a chwe cheiniog y noson yn rhad hyd yn oed yn 1962. Roedd tri gwely gwag yn yr ystafell pan gyrhaeddais, ac roeddwn wedi cymryd mai fi fyddai'r unig breswyliwr. Ond pan gyrhaeddais yno wedyn ar ôl blasu rhai o ryfeddodau'r ddinas, roedd dyn yn rhochian cysgu yn y gwely'r oeddwn wedi'i glustnodi trwy adael fy rycsac arno, a dyn ar ei liniau yn dweud ei bader wrth wely arall, gan adael gwely drafftiog o dan y ffenest ar fy nghyfer i. Mi ddeffrais yn y bore yn bigiadau chwain o'm corun i'm sawdl.

Roedd hi'n wyn fy myd arna i y tro hwn, mewn cymhariaeth. Cynigiodd Mary ddanfon Dáithi a minnau i ganol y ddinas, a'n gadael yno fel dau hogyn drwg yn cael penrhyddid i dreulio pnawn Sadwrn yn y dre.

Y 'Firkin Crane,' lle byddai menyn yn cael ei bwyso yn ninas Corc

Yr English Market

Penderfynodd Dáithi mai testun fy ngwers hanes heddiw fyddai menyn. Ar fenyn yr adeiladwyd llawer gyfoeth y ddinas, meddai, er bod cwrw, wisgi, porc a phowdr gwn hefyd wedi chwarae eu rhan. Roedd y nwyddau hynny'n swnio'n destunau mwy diddorol i mi, ond fe'm tywyswyd i'r Amgueddfa Fenyn yng nghysgod Eglwys Shandon sy'n enwog am ei chlychau.

Ar y safle yma, mae'n debyg, yr oedd y farchnad fenyn fwyaf yn y byd ddau gan mlynedd yn ôl. Eu sgiliau dwyn gwartheg i wneud menyn oedd yn rhoi parch a bri i frenhinoedd a thywysogion Iwerddon yn y Canol Oesoedd. Ac ar gyfer cario menyn o'r wlad i'r dref yr adeiladwyd y ffyrdd yr oedden ni wedi bod ar goll arnyn nhw y diwrnod cynt. Erbyn i ni ddod yn ôl i olau ddydd i gyfeiliant rhyw glochydd amatur yn taro nodau *Three Blind Mice* yn nhŵr yr eglwys, roeddwn i'n ofni bod fy ymennydd yn dechrau troi'n fenyn.

Cawsom olwg ar gartref y cyn Brif Weinidog Jack Lynch oedd yn dipyn o arwr gan Dáithi. 'Mae'n siŵr mai fo oedd yr unig Taoiseach oedd yn eistedd yn ei swyddfa etholaeth ar brynhawn Sul a'r drws yn agored fel y gallai unrhyw un o'i etholwyr droi i mewn.' Roedd yn rhaid galw yn oriel gelf Lavit, lle siaradodd Dáithi yn hirach na Mary Robinson.ar ddydd yr agoriad. A chefais fwynhad mawr wrth grwydro trwy'r English Market, marchnad fwyd anferth yr oedd ei hysbryd cartrefol ac amrywiaeth ei chynnyrch yn fy atgoffa o farchnad Pontypridd, ond bod hon ddwywaith y maint.

Erbyn hyn roedd y traed yn dechrau cwyno – esgus i ymlacio am awr y tu allan i far o'r enw Le Chateau yng nghysgod cerflun o Father Matthew, Apostol Dirwest.

Ar y bws yn ôl i Model Farm Road roedd rhywun yn gwrando ar raglen chwaraeon ar y radio. Clywais ddigon i wybod fod tîm rygbi Cymru ar y blaen i Fiji yng nghystadleuaeth Cwpan y Byd yn Ffrainc, a'r gêm yn dirwyn i ben. Roeddwn yn edrych ymlaen yn dalog at y rownd nesaf, nes imi gael tecst amser swper gan ffrind o Abertawe yn dweud fod Cymru wedi colli.

Y Trwbadŵr

Yn ystod ein blynyddoedd cynnar yn Kerry roedden ni wedi dod i adnabod teulu o Ddulyn oedd yn gwmni difyr ac yn cyfrannu llawer at y sesiynau cerddorol. Peiriannydd sifil oedd Séan Ó Maonlai, roedd ei wraig Ethne yn actores a fu'n aelod o gwmni enwog yr Abbey, ac roedd ganddyn nhw ddau fab ifanc, Liam a Colm. Aros ar fferm yn ardal Dún Chaoin y bydden nhw ar y dechrau, ac yna fe roddodd Sean ei beirianneg sifil ar waith ac adnewyddu hen furddun yn gartref. Fydden ni ddim yn eu gweld nhw bob blwyddyn, ond bob tro y bydden ni'n cyfarfod, yr un oedd y croeso a'r cyfeillgarwch.

Un noson roedd Alwena wedi digwydd taro ar Liam, nad oedd wedi ei weld ers blynyddoedd, a gofyn iddo beth oedd o'n ei wneud y dyddiau yma. Atebodd gyda gwên swil ei fod yn chwarae tipyn o gerddoriaeth. Dyna pryd y sylwodd Alwena ar y ciw o bobol a phlant yn aros am ei lofnod. Yn ddiarwybod i ni roedd yn brif leisydd grŵp roc o'r enw Hothouse Flowers, oedd ar y pryd yn fyd enwog ac yn cael eu cymharu ag U2. Yn ddiweddarach daeth ei frawd Colin i amlygrwydd fel actor a fu'n chwarae rhan dyn tân Gwyddelig yn Eastenders.

Doeddwn i ddim wedi bwriadu chwilio am bobol enwog wrth grwydro Iwerddon y tro yma, ond pan sylwais fod Liam Ó Maonlai yn cynnal cyfres o gyngherddau yn ystod fy nhaith, gwnes ychydig o ymchwil a darganfod bod un o'r lleoliadau o fewn cyrraedd i mi. Cefais ar ddeall bod yr Hothouse Flowers yn eu hen ffurf wedi peidio â bod, a bod Liam yn perfformio gwahanol fathau o gerddoriaeth ar ei ben ei hun, a'i fod ar fin perfformio mewn chwe lleoliad gwledig gan gynnwys canolfan gymunedol Clogheen, Swydd Tipperary. Ffoniais i brynu tocyn, gan bwysleisio wrth y trefnydd fy mod i'n dod o Gymru, yn adnabod Liam er pan oedd o'n blentyn, ac yn gobeithio'i gyfarfod am sgwrs. 'Dim problem,' meddai'r wraig ar y ffôn, ac awgrymodd imi ffonio gwesty o'r enw Hermitage House yn y pentref i drefnu gwely a brecwast.

Clogheen amdani felly, ar ôl ffarwelio â Dáithi a Mary ar fore Sul digwmwl. O fewn dim roeddwn i ar y draffordd tua'r gogledd, y brif ffordd rhwng Corc a Dulyn, a fawr neb arall i weld wedi codi. Roeddwn i'n gadael y draffordd yn Michelstown a throi tua'r gorllewin a thrwy Ballyporeen, pentref na fyddai wedi cael fawr o sylw oni bai mai yma y ganwyd taid Ronald Reagan. Daeth yr Arlywydd yma yn 1984 gan achosi cryn brotest yn erbyn ei bolisiau tramor. Roeddwn i'n disgwyl gweld rhywbeth yma i gofio amdano, hyd yn oed os na fyddai mor ysblennydd â chanolfan y teulu Kennedy yn New Ross. Ond na, roeddwn i allan o Ballyporeen heb weld ei enw yn unman. Cefais ar ddeall yn ddiweddarach bod y Ronald Reagan Visitor Centre wedi agor yn fuan ar ôl ymweliad y dyn ei hun, ond wedi cau cyn bo hir wedyn oherwydd prinder ymwelwyr. Cau hefyd fu hanes y Ronald Reagan Pub, ac er bod yr adeilad yn dal yno mae'r cynnwys wedi ei symud i amgueddfa yng Nghaliffornia.

Dim ond unarddeg y bore oedd hi pan gyrhaeddais Hermitage House, tŷ mawr unllawr ynghanol gerddi braf ar lan afon yng nghanol Clogheen. Ar ôl dangos fy ystafell imi dywedodd Breda, gwraig y llety, bod Liam Ó Maonlai yn aros yno hefyd, ei fod wedi cael noson hwyr ond ei bod hi'n bryd iddo godi. Cyn i mi gael cyfle i ddweud wrthi am adael llonydd iddo, roedd wedi diflannu i lawr coridor a chlywais sŵn curo ar ddrws. 'Fydd o ddim yn hir,' meddai, gan fy ngadael i aros am ddyn yr oedd Bono o U2 wedi ei

Liam Ó Maonlai

43

ddisgrifio fel 'the best white soul singer on the planet'. Wyddwn i ddim beth oedd 'soul', a go brin y byddai Liam yn cofio pwy oeddwn innau.

Daeth i'r golwg yn ddigon cysglyd, ei wallt heb weld crib a'i grys fel petai wedi cysgu ynddo. Roedd trefnwyr y noson wedi dweud wrtho bod newyddiadurwr o Gymro yn holi amdano. 'Has he got sideburns?' gofynnodd Liam, a chael yr ateb ei bod hi'n anodd dweud ar y ffôn. Roeddwn i bron wedi anghofio fy hun am y cyfnod blewog hwnnw yn fy hanes. Felly, ar fyr rybudd, dyma gael fy hun mewn lolfa yn Hermitage House yn sgwrsio dros baneidiau o goffi efo cerddor byd enwog na wyddwn i'r nesaf peth i ddim am y maes lle'r oedd wedi disgleirio. O leiaf doedd o ddim yn edrych fel un o sêr y byd roc, ond yn fwy fel bardd neu un o broffwydi'r Hen Destament. Ac roedd o'n cofio enwau pawb oedd yn ein criw ni flynyddoedd ynghynt yn Corca Dhuibne.

Gofynnais iddo pa ddylanwad oedd yr ymweliadau hynny â'r fro wledig Wyddeleg yn y gorllewin wedi eu cael ar y llanc o'r ddinas. A daeth yn amlwg fod y gwreiddiau a fagodd yn yr ardal honno yn hollol ganolog i'w fywyd.

I'w dad, Sean, yr oedd y diolch am feithrin y gwreiddiau hynny meddai. Un o Gorc oedd Sean, a phan oedd yn blentyn byddai offeiriad yn mynd â chriw ohonyn nhw i aros mewn hostel yn ymyl Dún Chaoin. Roedd Sean, fel y rhan fwyaf sy'n mynd yno, wedi ei gyfareddu gan yr ardal a chan yr Wyddeleg.

Yn bump oed, yn 1971, yr aeth Liam i'r ardal gyntaf. Ac er eu bod nhw'n siarad Gwyddeleg adref, roedd bod yn yr ardal hon yn wahanol.

'Yn sydyn roeddwn i mewn lle ble'r oedd y wraig oedd yn gwerthu wyau yn y siop yn siarad Gwyddeleg. Roedd fy nhafodiaith i yn debycach i Galway na Kerry. Felly pan ofynnais am sosej mi gefais laeth. Roedd Dad yn gwybod enw pob mynydd a bryn a phentir, ac mi fuon ni'n dringo'r cyfan. Roedd y chwistrelliad yn farwol. Dwi wedi bod yn ôl yno bob blwyddyn ers hynny. Ac mi gafodd yr un effaith ar fy mrawd Colm. Aeth y lle i mewn i'w waed a'i esgyrn. Roedd o'n beichio crio pan ddeuai yn amser mynd adref.'

Roedd cerddoriaeth yn bwysig i'r teulu i gyd. Gan ei fam y dysgodd beth oedd canu'r piano ar ei orau. Ond methiant oedd ei wersi ffurfiol ar yr offeryn. 'Roeddwn i'n hoff o'r athrawes, a hithau ohonof i, ond fe drodd y gwersi yn chwerw. Roedd yn torri ar draws llif fy ngherddoriaeth, ac yn gwbl groes i'r hyn oeddwn i eisiau ei wneud. Roeddwn i'n chwarae'r sothach yma am bod rhaid i mi. Mi fynnais roi'r gorau iddi, ac roeddwn i'n casáu nos Fawrth am flynyddoedd.'

Ond roedd cerddoriaeth o fath arall wedi dechrau cydio. Yn Kerry un flwyddyn roedd y teulu'n gwrando ar recordiad o gerddoriaeth Sean Ó Riada, gŵr a wnaeth gymaint â neb i adfer y diddordeb yng ngherddoriaeth draddodiadol Iwerddon.

'Anghofia i byth mor profiad. Yn naw oed roeddwn i'n dechrau ennill fy mhlwy fel casglwr a pherfformiwr – yn dysgu tonau a datblygu fy arddull fy hunan. Gyda cherddoriaeth draddodiadol dydych chi ddim yn ei chwarae ar gyfer cystadleuaeth nac arholiad, ond oherwydd bod yna newyn am y tonau. Mae gen i atgofion lu am y sesiynau hynny, y cydbwysedd rhwng y gerddoriaeth a'r craic.'

Trwy'r Slogadh, gŵyl ieuenctid Wyddeleg debyg i Eisteddfod yr Urdd, y cychwynnodd yr Hothouse Flowers. Penderfynodd Liam a'i ffrind ysgol arbrofi trwy gyfuno jazz a blues gyda cherddoriaeth draddodiadol, ac ennill y wobr gyntaf. Er iddo dreulio blwyddyn yn astudio Gwyddeleg a Gwareiddiad Clasurol yng Ngholeg y Drindod, Dulyn, gadael fu ei hanes a bysgio ar strydoedd Dulyn. Liam a dau o'i ffrindiau yn y cyfnod hwnnw oedd cnewyllyn yr Hothouse Flowers.

Yn 1987 daeth gwahoddiad i wneud record ar label cwmni oedd wedi eu sefydlu gan U2. Trwy gân o'r enw 'Love don't work this way' ac un arall ''Don't go', y flwyddyn wedyn, daeth enwogrwydd byd-eang dros nos, a chymariaethau gydag U2. Dyna gychwyn ar gyfnod o deithio dibaid trwy America, Ewrop ac Awstralia, patrwm a barodd am flynyddoedd. Ac yn sydyn daeth y cyfan i ben. I lawer o'r beirniaid roedd y grŵp wedi methu a chyflawni eu haddewid. I Liam roedd y penderfyniad yn un bwriadol.

'Roedd yna bobol o'n cwmpas ni oedd wedi eu dallu gan U2, ac yn synhwyro arian. Roedd y rheolwyr yn lladd llawer o'r hwyl byrfyfyr oedd yn rhoi boddhad i ni. Roedd y system yn bodoli er mwyn y system, nid er mwyn y cerddorion. Roeddwn i'n teimlo 'mod i'n byw er mwyn y band, yn lle bod y band yn gwasanaethu fy mywyd.'

Ac yna yn 1993 daeth y newydd am farwolaeth sydyn ei dad.

'Roedd hynny'n fwy o ergyd nag y gallaf ei roi mewn geiriau. Rwy'n dal i ymlafnio gyda'r peth. Roeddwn i'n falch iawn o allu canu iddo yn yr angladd.'

Wythnos ar ôl marwolaeth Sean roedd yr Hothouse Flowers yn chwarae yn Belfast. Yno, mewn gwesty yn Stormont, y dywedodd Liam wrth ei gyd aelodau ei fod yn rhoi'r gorau i'r band am flwyddyn.

Heb ofidiau'r band, trodd Liam yn ôl at ei ddiddordeb mewn cerddoriaeth draddodiadol a diwylliannau cynhenid fel yr Aborigines a'r Americanwyr brodorol – 'y byd cyn-imperialaidd'. Bu'n weithgar mewn mudiadau gwrth-niwclear. Priododd ferch o Kildare, Aoife, a ganwyd eu mab, Cian.

Daliodd i berfformio a gwneud recordiau ar ei ben ei hun. A phan ailffurfiwyd Hothouse Flowers dim ond y tri aelod gwreiddiol oedd ar ôl.

Erbyn hyn mae Aoife ac yntau wedi gwahanu, ac mae gan ei gymar Marion ac yntau ferch fach, Pena: 'Enw o Tibet, roedd Marion yn hoff ohono'.

Trwy'r holl dreialon bu'n un o genhadon mwyaf amlwg yr Wyddeleg. Gwelwyd ei lun ar bosteri yn annog pobol i'w defnyddio. Recordiodd CD ar gyfer dysgwyr, a rannwyd yn rhad ac am ddim gyda rhai o'r papurau cenedlaethol.

'Mae'r iaith yn rhan ohona i o'r dechrau. Doedd dim rhaid i neb ei gorfodi arnon ni.'

Dungarvan

Roedd gen i ddigon o amser cyn y cyngerdd, ac ar ôl astudio'r map, penderfynais fynd am dro dros fynyddoedd yn dwyn yr enw soniarus Knockmealdown o Clogheen i Dungarvan. Un rheswm dros fynd yno oedd fy mod yn cofio eitem ar 'Hel Straeon' ynglŷn â chân o'r enw 'The Old Dungarvan Oak'. Cân Frank Hennessy i hen dderwen Caerfyrddin oedd hi'n wreiddiol, ond bod Gwyddel o'r enw Paddy O'Reilly wedi ei thrawsblannu. Roedd sawl un wedi recordio'r fersiwn Wyddelig, a daeth mor boblogaidd nes i dafarn yn y dref gael ei henwi'n 'Old Dungarvan Oak'. 'Y broblem yw,' meddai Frank Hennessy wrth Lyn Ebenezer yn ei gyfweliad Cymraeg cyntaf, 'Does dim oak yn Dungarvan!' Does yno ddim chwedl am dderwen chwaith, ond wnaeth hynny ddim rhwystro'r gân rhag cael ei chynnwys ar CD o 'The best ever traditional Irish pub songs'.

Peth arall oedd yn fy nenu i Dungarvan oedd fy mod wedi darllen bod yno gofgolofn i gi cyflymaf y byd, milgi o'r enw Master McGrath. Wyddwn i ddim ymhle i ddod o hyd i'r dafarn na'r gofeb, ond byddai rhywun yn siŵr o'm rhoi ar ben y ffordd.

Braidd yn farwaidd oedd y dref pa gyrhaeddais yno, yn debycach i'r Saboth Cymreig na'r un Gwyddelig. Yn waeth na hynny, doedd yr ychydig bobol a welais ar y stryd erioed wedi clywed am dafarn yr 'Old Dungarvan Oak'. Roeddwn i'n gwybod ei bod hi'n bod, gan imi ei gweld ar 'Hel Straeon', ond doedd neb yn fy nghredu. Yn y diwedd es i holi mewn archfarchnad, ac ar ôl pwyllgor gyda chynrychiolaeth dda o gwsmeriaid a staff, awgrymodd rhywun mai dyna ar un adeg oedd enw tafarn sydd bellach yn Kiely's. Draw a fi yno, a holi'r ferch y tu ôl i'r bar. Na, doedd hi ddim wedi clywed yr enw. Ond roedd y lle yn edrych yn rhyfeddol o debyg i'r cof oedd gen i amdano. Prynais beint o ddiod oren a pharcio wrth y ffenest. Daeth hen wraig fywiog i mewn, gyda gwallt melyn cyrliog a chôt goch lachar, a mynd o gwmpas i gasglu gwydrau oddi ar y byrddau. Fedrech chi ddim peidio sylwi ar ei bysedd, gan fod ganddi o leiaf un fodrwy ar bob bys a dwy ar ddau ohonyn nhw, i wneud cyfanswm o ddeg. Sally oedd pawb yn ei galw, a phan ddaeth at fy mwrdd i, mentrais ei holi am yr 'Old Dungarvan Oak'. Na, doedd hi erioed wedi clywed yr enw, ond ychydig flynyddoedd oedd yna ers i'w mab gymryd y dafarn drosodd. Aeth i holi cwsmer oedd wrth y bar, a chadarnhaodd hwnnw mai hon, yn wir, oedd tafarn yr hen dderwen ar un adeg. Dywedais hanes derwen Caerfyrddin wrthyn nhw, ond doedd neb yn cymryd llawer o ddiddordeb.

Roeddwn yn falch fy mod wedi dod yma, fodd bynnag, er mwyn cyfarfod Sally. Gofynnodd i mi faint o blant oedd gen i. Dau meddwn i, a gallwn weld nad oedd hynny'n foddhaol. Faint o wyrion? Dim un eto. Cyn imi ofyn dywedodd bod ganddi hi bedwar ar ddeg o blant, sef saith mab a saith merch, a bod pob un yn iach, diolch i Dduw. Roedd ganddi hefyd 39 o wyrion a naw o or-wyrion. Pan oedd hi'n disgwyl plentyn rhif 13, roedd y meddyg wedi dweud wrthi ei fod wedi'i rhybuddio o'r blaen nad oedd eisiau ei gweld yn y cyflwr hwnnw eto. 'Ond mae fy ngŵr yn drafeiliwr, a dydi o ddim yn dod adref yn aml,' meddai Sally. 'Mi ddwedwn i ei fod o adref yn llawer rhy aml,' meddai'r doctor.

Holais hi wedyn am gofeb Master McGrath. Doedd hi ddim wedi clywed am hwnnw chwaith. Dywedais mai milgi oedd o, y cyflymaf yn y byd. 'Fi ydi'r unig filgi yn

Sally

48

Dechrau'r daith – y cae ger Baile an Fheirtéaraigh (Ballyferriter)

Arfordir 'Y Tair Chwaer'

(Uchaf, de) Maidhc Dainín Ó Sé: awdur, cerddor, gyrrwr lori laeth.

Tair golygfa ar An Blascaod Mór, yr Ynys Fawr.

50

(Uchaf, chwith) Cofeb Michael Collins yn Béal na mBláth,
ble cafodd ei saethu.
(Uchaf, de) Penddelw o Collins ar safle'i fan geni
yn Sam's Cross, Gorllewin Corc.
(Gwaelod) Daithi Collins, hanesydd, 'cefnder pell iawn',
o flaen tafarn y Four Alls, Sam's Cross.

51

(Uchaf, chwith)
Johnny Gill, pysgotwr, Inis Mór, y fwyaf o ynysoedd Aran.
(Uchaf, de) Liam Ó Maonlai a'i didjeridoo yn Clogheen, Swydd Tipperary.
(Canol) Tafarn Matt Molloy yn Westport, Swydd Mayo.
(Gwaelod) Tigh Neachtain, Galway.

(Uchaf) Canolfan ddehongli'r Cliffs of Moher, Swydd Clare.
(Canol) John Guerin, gŵr y llety, Doolin.
(Gwaelod) Tirlun rhyfeddol y Burren.

Dwy ochr i'r wal: Arlunwaith y Falls Road a'r Shankhill, Belfast.

Darnau o'r coch ymerodrol yn ymwthio trwy'r gwyrdd.

Capel Cymraeg Dulyn, sydd bellach yn gaffi rhyngrwyd Tsieineaidd.

Howell Evans, unig aelod y 'Capel Bach' sydd ar ôl, yn gant oed ac yn dal i arddio.

Y werin yn erbyn Shell, Bellanaboy, Swydd Mayo.

Carchar Kilmainham, Dulyn. Mae'r groes yn dynodi'r fan ble saethwyd James Connolly wedi Gwrthryfel y Pasg, 1916.

Dungarvan,' meddai. Wedyn mi sylweddolodd am beth yr oeddwn i'n sôn – doedd hi ddim wedi deall fy acen – a heb roi fawr o ddewis i mi dyma hi'n dweud ei bod am fynd a fi yn ei char i weld ei gofgolofn. Ac i ffwrdd â ni i weld colofn garreg gadarn, tua ugain troedfedd o uchder, y gellid yn hawdd ei chamgymryd am gofeb i arwr lleol oedd wedi ymladd yn erbyn y Black and Tans. Ond cerflun o filgi oedd arni, a pheth o hanes ei orchestion oddi tano.

Cofeb Master McGrath

Roedd Master MacGrath yn gi digon gwanllyd yn ifanc, ond datblygodd i fod yn rasiwr o fri. Enillodd y Waterloo Cup yn Lloegr deirgwaith, a gwahoddodd ei berchennog y Frenhines Fictoria i'w gyfarfod. Mae caneuon wedi eu sgrifennu amdano, rhoddodd ei enw i frand o fwyd cŵn yn Iwerddon, ac mae nifer o fariau a thai bwyta yn America wedi eu henwi ar ei ôl.

Tynnais lun sydyn o'r gofgolofn a diolchais i Sally, a aeth a fi yn ôl i Dungarvan at fy nghar.

Y Cyngerdd
Wrth yrru yn ôl i Clogheen cofiais fod Iwerddon yn chwarae yn erbyn Ariannin yng Nghwpan y Byd. Cyrhaeddais Hermitage House ychydig cyn y chwiban olaf, ac Iwerddon wedi colli o 30 i 15. Er bod pawb yn y bar yn siomedig, doeddwn i ddim yn gweld arwyddion o'r iselder cenedlaethol y gallwn ei ddychmygu yng Nghymru y diwrnod hwnnw, er na wyddwn i eto fod Gareth Jenkins wedi cael ei hel adref o Ffrainc i gasglu ei

P45.

Roeddwn i mewn mymryn o gyfyng gyngor ynglŷn ag ymadawiad Iwerddon o Gwpan y Byd. Er fy mod yn arfer eu cefnogi yn erbyn pawb ond Cymru, byddai gweddill fy nhaith wedi bod yn anodd petai Iwerddon ynghanol y dwymyn rygbi, a Chymru dan y felan. Roedden ni i gyd yn yr un cwch erbyn hyn.

Hen eglwys Bresbyteraidd wedi ei haddasu i ddibenion eraill oedd Canolfan Gymunedol St Paul's lle'r oedd Liam i berfformio. Cyrhaeddais yn gynnar i sicrhau'r tocyn oedd wedi ei gadw'n ddiogel y tu ôl i ddesg. Pymtheg ewro oedd y pris, a hwnnw'n cynnwys bisgedi gyda chaws ac eog, a gwydrad o win – neu ddau os oeddech chi'n farus.

Roedd y torfeydd yn cyrraedd yn gynnar: pobol o bob oed a chefndir a chwaeth, oedd yn fy atgoffa o gynulleidfa drama neu noson lawen yn neuadd Rhoshirwaun ers talwm, cyn i deledu ddechrau cadw pobol yn y tŷ.

Roedd cyngerdd Liam yn rhan o raglen ar y cyd gan wahanol sefydliadau i gynnal gweithgareddau mewn ardaloedd gwledig mewn pum sir yn ne Iwerddon. Ar bob cadair roedd taflen goch yn hysbysebu cyngerdd arall oedd i ddigwydd yn y ganolfan ymhen pythefnos. Roedd yn dangos llun o'r artistiaid, sef Côr Meibion Aberporth. Gofynnodd gwraig oedd yn eistedd wrth fy ymyl a oeddwn i'n adnabod rhai o'r cantorion. Dywedais fy mod i'n meddwl bod Dic Jones yn y llun, ond na allwn fod yn siŵr heb fy sbectol. O hynny tan ddechrau'r cyngerdd bûm yn ceisio esbonio i wraig o Wlad yr Haf oedd newydd symud i fyw i Clogheen beth ydi Archdderwydd.

Fu gen i erioed mo'r cymhwyster na'r awydd i fod yn ohebydd cerdd, ond fel y bydd gwesteion angherddorol yn dweud ar 'Beti a'i Phobol', 'Dwi'n gwybod be dwi'n ei fwynhau'. Mi fedra i hefyd werthfawrogi athrylith o artist sy'n ymgolli'n llwyr yn ei berfformiad, ac mae Liam Ó Maonlai, heb os, yn un o'r rheini. Cerdded ar y llwyfan, eistedd ar gadair uchel, a bwrw iddi'n syth, ar y *tin whistle*. Cydio yn y *bodhran* a gwneud i hwnnw ddawnsio.

Canu cân serch o Bali yn ddigyfeiliant, am lanc oedd yn glaf o gariad ac yn beio Duw am ei bicil. Troi at y gitâr, a chaneuon roc swnllyd yr Hothouse Flowers. Datganiad ar offeryn o'r enw 'mbira' a brynodd mewn anialwch yn Bali, ac nad oes ond un neu ddau trwy'r byd yn gallu cael tiwn o'i groen. Nifer o ganeuon Gwyddeleg hudolus. Jazz a blues ar y piano. Roedd llawer o'i gyflwyniadau yn y Wyddeleg yn unig, mewn ardal nad yw'n gadarnle i'r iaith. Gyda mwy o genhadon fel Liam, does bosib na fyddai'n well ei byd.

Ar ddiwedd y cyngerdd roedd byrddaid o CDs Liam ar werth, a chiw yn aros am ei lofnod. Ar fy un i, sgrifennodd '*Do Ioan agus Alwena. Mile cura agus dioch a dorais. Great meaning comes from chance meetings*'.

Tua'r Gorllewin

Roedd hi'n fis Hydref a finnau draean o'r ffordd trwy'r bererindod o ran dyddiau, ond yn fyr iawn o hynny o ran milltiroedd. Heddiw byddai'n rhaid i minnau, fel Master MacGrath, ganolbwyntio ar gyrraedd pen y daith yn hytrach na loetran i fwynhau'r golygfeydd. Pen y daith, am heddiw, fyddai Doolin ar arfordir Swydd Clare.

Ar ôl awr dda o yrru'n ddidramgwydd trwy siroedd Tipperary a Limerick, roeddwn yn croesi'r ffin i Clare yn gynt na'r disgwyl. Pan welais arwydd Castell Bunratty, dyma benderfynu cael tamaid o ginio yn nhafarn Durty Nelly, sy'n rhan o'r parc gwerin gyda'i atyniadau ffug-ganoloesol. Mewn llythrennau breision ar y wal tu allan mae'r fendith draddodiadol:

> May the road rise up to meet you
> May the wind be always at your back
> May the sun shine warm upon your face
> The rains fall soft upon your fields
> May God hold you in the palm of his hand.

Cefais blatiad o lobsgóws mor - fy enw i ar seafood chowder – yn sŵn criw o Americanwyr yn dadlau pwy oedd am gael bod yn D.D. – nid Doethur mewn Diwinyddiaeth ond designated driver.

Y lle nesaf imi ddod iddo oedd Ennistymon, tref yr oedd rhan helaeth ohoni ar un adeg yn eiddo i deulu Caitlin, gwraig Dylan Thomas. Cafodd Alwena a finnau ddiwrnod i'w gofio yno unwaith, yn nhafarn Horan, sydd bellach wedi cau. Roedd y cwpl oedd yn ei chadw yn bobol ddiwylliedig, hoff o'r Wyddeleg a cherddoriaeth. Ar ôl iddyn nhw ddeall ein bod ni'n Gymry cawsom wahoddiad i'r parlwr lle'r oedd piano, a bu Alwena'n eu goleuo ynglŷn â hanfodion cerdd dant. Roedden nhw'n daer am i minnau ganu. Fel y gŵyr pawb sy'n fy adnabod, chefais i ddim o ddoniau fy ngwraig yn y cyfeiriad hwnnw, ond yng ngwres y foment mi rois gynnig ar Sean South of Garryowen. Roedden nhw wedi eu cyfareddu, nid oherwydd y canu ond am eu bod nhw'n adnabod Sean South, aelod o'r IRA a laddwyd wrth ymosod ar farics Prydeinig yn 1957. Cawsom ein gwobrwyo'n hael am ein cyfraniadau, ac yna gofynnodd y wraig, Mary, i mi beth oedd ystyr 'Y Dydd'. Byddai'n gweld yr enw bob diwrnod yn rhestr rhaglenni HTV yn y papur. 'Rhaglen newyddion ydi hi,' meddwn i, 'A deud y gwir, fi ydi ei golygydd.' Roedd hyn yn ein gwneud ni'n fwy cymeradwy fyth yn eu golwg, a daeth joch arall o gydnabyddiaeth. Dywedodd Mary mai hi oedd gohebydd lleol y *Clare Champion*, a'i bod am ein cyfweld. Pan gyrhaeddon ni adref i Gymru roedd copi o'r papur yno o'n blaenau. Un pennawd oedd 'TV personality visits Ennistymon'.

Doolin

Yn y saithdegau y daeth Alwena a finnau i Doolin gyntaf, yng nghwmni ffrindiau o'r Alban. Chwilio am le i godi pebyll yr oedden ni, a dyma holi hen wraig ar ochr y ffordd. Roedd ei hateb yn glasur: 'Take the first turning right, drive on towards the strand until you come to a sign 'No Overnight Camping'. That's where everybody camps.' Am gyfnod bu Doolin a'i gerddoriaeth draddodiadol a'i gymeriadau difyr yn dynfa bron cyn gryfed â Kerry. Ond tan y daith hon doeddwn i ddim wedi bod yno ers 1982.

Doeddwn i ddim yn adnabod y lle i ddechrau. Ymhell cyn imi gyrraedd y pentref roedd byngalos o hostelau a thai gwely a brecwast lle nad oedd dim ond mawnog a cherrig o'r blaen. Fedrwn i ddim dirnad ymhle'r oedd y cae 'No Overnight Camping', ond mi ddois o hyd i dafarn O'Connors, lle bydden ni'n hel iddo fel arfer. Roedd yr enw 'Gus O'Connor's Pub' mewn llythrennau breision uwchben y drws. Doedd dim llawer o ddim yma heblaw'r dafarn ugain mlynedd yn ôl. Heddiw mae mewn rhes sy'n cynnwys Village Crafts, The Sweater Shop, The Doolin Deli, Knitwear, O'Brien's Crafts, a Burren Stained Glass. Parciais fy nghar, a chrwydro o siop i siop. Roedd yn wych gweld y lle'n weddol brysur hyd yn oed yn y tymor mwyar duon, ond sylweddolais fod un peth ar goll: Gwyddelod. Clywais acenion Americanaidd,

Seisnig, Almaenig, Awstralaidd, Ffrengig, ond dim un llais Gwyddelig yn gwerthu na phrynu.

Roedd gan Doolin le pwysig yn yr adfywiad mewn cerddoriaeth draddodiadol Gwyddelig yn y saithdegau, a chalon y gweithgarwch hwnnw oedd O'Connor's. Roeddwn i'n cofio fel y byddai Miko Russell, gwerinwr rhadlon a ddaeth yn enwog yn ei henaint, fel Bob Tai'r Felin yn rhoi gwersi tin whistle i dwr o blant mewn bar cefn. Byddai Miko yn y dafarn trwy'r dydd, bob dydd, yn yfed dim byd ond te. Golwg wahanol iawn oedd ar y lle heddiw, er bod yr enw Gus O'Connor's Pub yn dal uwchben y drws. Roedd aceion Gwyddelig mor brin yma ag oedden nhw yn y siopau. Roeddwn yn dechrau cael fy nadrithio gan Doolin, ac yn ystyried aros dros nos yn rhywle arall. Buaswn wedi gwneud hynny oni bai fy mod yn awyddus i ymweld ag ynysoedd Aran drannoeth. Felly gyrrais i lawr at y jeti ble'r oedd cychod yn arfer hwylio i'r ynysoedd. Dau gwch bach oedd yn gwneud y gwaith ers talwm, ond daeth yn amlwg fod y busnes hwnnw, fel popeth arall yn Doolin, wedi tyfu'n sylweddol. Roedd maes parcio mawr wedi ei greu, a dau adeilad i ddarparu tocynnau. Talais ddeugain ewro am docyn i deithio drannoeth yn ôl a blaen i Inis Mor, yr Ynys Fawr.

Roedd yna arwydd gwely a brecwast ar fyngalo o'r enw St Anthony's bron drws nesaf i O'Connors. Daeth gwraig dal benfelen i'r drws. Oedd, roedd ganddi wely imi. 'Where are you from – you sound IRISH!' Ar ôl imi ei chywiro, dywedodd, 'Oh, Welsh! I was in Llangollen once, singing'. Roedd hi'n ynganu Llangollen yn berffaith. Gofynnais o ble'r oedd hi'n dod. 'Bavaria,' meddai. Wrth ddangos fy stafell fe'm hysbysodd fod yna dafarn dda o'r enw O'Connors drws nesa, ond nad oedd heno'n un o'r nosweithiau cerddorol gorau. Dywedais wrthi fy mod wedi bod yno ers talwm, a 'mod i'n falch ei bod hi'n dal yn yr un teulu. Doedd hynny ddim yn wir, meddai. Roedd Gus O'Connor wedi marw ers blynyddoedd a'r dafarn wedi ei gwerthu. 'Ond mae'r bobol newydd wedi cadw'r enw. Mi fyddai'n ffolineb iddyn nhw beidio.'

Ynysoedd Aran

Unwaith yn fy mywyd y cefais i brofiad go iawn o salwch môr, a hynny ar long go sylweddol rhwng Galway ac Inis Mor. Roedd Alwena a minnau yng nghwmni ffrindiau o'r Alban, a phawb wedi bod yn ofni'r fordaith heblaw fi, a ddywedodd nad oeddwn erioed wedi bod yn sâl môr a bod teulu fy nhad i gyd yn llongwyr. Hanner ffordd i'r ynys aeth y sardins yr oeddwn wedi eu bwyta i frecwast yn ôl i'r môr, a chlywn leisiau dirmygus yn gweiddi 'I come from a seafaring family'.

Dro arall aethom i un o'r ynysoedd llai mewn cwch bach o Doolin ar fore braidd yn wyntog. Doeddwn i ddim yn boblogaidd iawn oherwydd imi brynu'r tocynnau heb ymgynghori, a gwaethygodd pethau hanner ffordd draw pan glywsom y gyrrwr yn cael ei hysbysu ar ei radio fod yna 'gale warning' ar gyfer y prynhawn. Wnaethon ni ddim mwynhau'n harhosiad ar yr ynys, ond wrth ddisgwyl am ein cwch yn ôl fe welsom Harri a Lenna Pritchard-Jones a'u plant y tu allan i dafarn gerllaw. Roedd Harri wedi bod yn feddyg ar yr ynysoedd ac yn dal i fynd yno'n achlysurol fel locum yn yr haf. Wrth inni boeni am ein mordaith, cawsom gyngor proffesiynol ganddo am ddim: 'Yfwch beint neu ddau o Guinness ac mi fyddwch yn iawn.'

Ar y cwch dywedais wrth bysgotwr lleol bod fy ngwraig yn bryderus iawn. Roedd ei ateb yn gryn galondid: 'I don't blame her one bit, disasters are ten a penny around these parts!'

A dyma fi, chwarter canrif yn ddiweddarach, yn hwylio ar fôr fel llyn llefrith i'r Ynys Fawr unwaith eto. Roedd Harri Pritchard Jones wedi awgrymu enwau un neu ddau o bobol a fyddai'n fodlon fy nghyfarfod am sgwrs.

Ar ôl dod oddi ar y llong yn Kilronan, pentref mwyaf yr ynysoedd, roedd yn amlwg iawn fod newid anferth wedi digwydd er pan fûm yno ddiwethaf. Roedd ambell i gar a thractor ar yr ynys y tro hwnnw, ond dynion gyda cheffyl a thrap oedd yn aros am y llong a chrefu am y fraint o gludo ymwelwyr o amgylch yr ynys. Y tro yma fe welais un dyn efo'i gar a cheffyl, a phoster yn ymbil ar i bobol gofio am yr amgychedd. Ond doedd ganddo fawr o obaith cystadlu â dau ddwsin neu ragor o wahanol gerbydau, yn fysiau mini, people carriers a cheir 4x4, eu peiriannau'n troi a'u perchnogion am y gorau i'ch denu. Gwrthod y gwahoddiadau wnes i, a mynd yn syth i Swyddfa'r Bwrdd Croeso. Tra oedd fy nghyd-deithwyr yn holi am le i aros, neu i hurio beic neu gael pryd o fwyd, gofyn wnes i ymhle i gael hyd i'r nyrs, Barbre Ó h-Iornan – un o'r enwau a gefais gan Harri. Cefais gyfarwyddiadau ar sut i ddod o hyd i'r ganolfan iechyd: 'Os bydd 'na gar bach coch y tu allan, mi fydd hi gartre.'

Cefais hyd i'r adeilad, oedd yn wynebu'r môr. Roedd y car coch yno, a daeth Barbre ei hun allan o'r ganolfan. Wedi imi ddweud mai Harri Pritchard Jones oedd wedi fy anfon, roedd yn ymddiheuro'i bod yn gorfod mynd i gyfarfod rhywun, ond dywedodd wrthyf am aros ble'r oeddwn i tra byddai hi'n trefnu imi gael sgwrs â rhywun arall. Cyflwynodd fi i wraig fywiog, ddi-flewyn ar dafod o'r enw Dr Marion Broderick, unig feddyg teulu yr Ynys Fawr, Dyna'r apwyntiad doctor mwyaf byr-rybudd imi ei gael erioed. A fi oedd i ofyn y cwestiynau.

A dweud y gwir doedd dim angen llawer o holi, roedd Dr Broderick mor barod i fynegi barn. Ar ôl gwneud paned aeth i sbaena trwy bentwr o luniau nes dod o hyd i un du a gwyn oedd yn dangos bad achub yn cario'r meddyg ifanc Harri Pritchard Jones i drin claf ar un o'r ynysoedd llai. Roedd tad yng nghyfraith y doctor presennol yn un o'r criw. 'Mi fyddai Harri'n dod yma i wneud locum i mi yn y blynyddoedd cynnar, ac mae o'n dal i ddod yma'n rheolaidd ar ei wyliau,' meddai.

Roedd hi'n dod o Galway yn wreiddiol, yn briod ag ynyswr, ac yn gweithio ar yr ynys ers chwe blynedd ar hugain. Hi oedd yr unig feddyg teulu ar y tair ynys am ugain o'r blynyddoedd hynny, ond bellach roedd merch arall yn gofalu am y ddwy ynys leiaf.

Bob hyn a hyn roedd galwdau ffôn yn tarfu ar ein sgwrs. Fel arfer mi fyddwn wedi mynd allan o'r ystafell wrth i feddyg drafod materion gwaith, ond doeddwn i

Dr Marion Broderick

ddim yn teimlo'r angen yn ystod trafod ar gyflwr difrifol teiars unig ambiwlans yr ynys. Na, nid practis cyffredin oedd un Dr Broderick.

Soniais wrthi am y newid a welais yn Kilronan ers y tro diwethaf, gyda'r holl foduron yn cynnig eu gwasanaeth i ymwelwyr. 'Maen nhw fel puteiniaid,' meddai. ' Dewch efo fi, dewch efo fi!' Yn amlwg, doedd hi ddim yn ymfalchïo yn yr holl ddatblygu. Roedd hi'n credu bod poblogaeth yr ynys, ar ôl cyfnod o gynnydd, wedi gostwng ychydig, i tua 800. Ond yn yr haf byddai'r lle'n cael ei drawsnewid gan y llif-eiriant ymwelwyr oedd yn cael eu cario yno wrth y miloedd gan y llongau fferi mawr. Byddai ychydig o bobol yr ynysoedd ar eu hennill, a'r gweddill yn gorfod derbyn y peth. Cwmniau o'r tir mawr fyddai'n cario'r lluoedd, oedd yn dod â'u brechdanau efo nhw ac yn cyfrannu dim. Roedd rhai'n elwa ar logi beiciau neu yrru bysiau neu ddarparu gwely a brecwast, a phlant yn cael arian poced yn yr haf. Ond i'r rhan fwyaf, unig effaith yr holl dwristiaeth oedd eu rhoi nhw dan warchae. Doedd dim modd gyrru o un pen i'r ynys i'r llall heb gael sawl dihangfa gyfyng oherwydd yr holl fysiau a beicwyr. 'The days are long gone when a farmer could piss in his own field.'

Y troseddwyr pennaf oedd yr ymwelwyr dydd, yn hytrach na'r rhai oedd yn aros dros nos gan gyfrannu i'r economi. Roedd y duedd honno o dalu am lety ar y tir mawr yn hytrach nag ar yr ynys wedi bod yn cynyddu'n raddol ers pymtheg i ugain mlynedd. Doeddwn i ddim yn siŵr oedd yr ergyd hon wedi'i hanelu ataf i, ond dweud dim oedd orau.

Er gwaethaf popeth, roedd hi wrth ei bodd ar yr ynys, oedd yn lle gwych i fagu plant. Roedd ei mab bellach yn astudio yn Prague, a'i merch yn gweithio ar cruise liner. Doedd hi ddim yn credu fod yr awdurdodau wedi bod yn deg â'r ynysoedd. Roedd pysgota ar i lawr, y stoc yn dirywio a chwotâu'r Undeb Ewropeaidd yn annheg.

Fel meddyg, roedd hi'n falch o fod yn rhan o grŵp oedd yn sicrhau gwasanaeth hofrennydd i gario cleifion i ysbytai'r tir mawr mewn argyfwng. Roedd hynny'n holl-bwysig mewn sefyllfaoedd fel genedigaethau anodd. Ar gyfer achosion ble'r oedd llai o frys, roedd modd defnyddio gwasanaeth awyrennau arferol i Gonamara.

Roedd hi'n teimlo'n gryf hefyd bod yn rhaid gallu trin cleifion yn eu mamiaith Wyddeleg. I lawer o hen bobol a phlant, roedd hynny'n anghenrhaid yn ogystal ag egwyddor. Ond doedd hi ddim yn meddwl llawer o'r mewnfudwyr a fyddai'n cael eu denu i'r ynys gan freuddwyd ramantaidd am y 'Llwydwyll Celtaidd'. Anaml y byddai'r rheini'n aros mwy nag un gaeaf.

Roedd mewnfudwyr, a dylanwadau allanol teledu, yn rhoi'r iaith o dan bwysau parhaol. Ond roedd mwy o fri nag erioed ar ddosbarthiadau Gwyddeleg, a dosbarthiadau cerddorol. Ac roedd y gwasanaethau radio a theledu Gwyddeleg yn help mawr yn y cyswllt hwnnw.

Doeddwn i ddim eisiau manteisio'n ormodol ar groeso Dr Broderick, a chodais i adael ryw ddwyawr cyn ymadawiad fy llong. Daeth allan o'r tŷ imi gael tynnu ei llun, a gofynnais am gyngor ynglŷn â sut i dreulio gweddill fy arhosiad. Roedd hi'n poeni braidd ei bod wedi rhoi darlun rhy negyddol o'r ynys, ac yn credu y dylwn siarad â rhywun arall. Awgrymodd fy mod yn llogi beic a reidio i ben draw'r ynys i weld hen gaer ryfeddol Dún Aengus. Roedd ffrind i Harri Pritchard Jones yn byw yn ei hymyl, a hwyrach y cawn i agwedd fwy cadarnhaol ganddi hi. Y dewis arall oedd mynd i dafarn y pentref, lle byddwn yn siŵr o gyfarfod hen gymeriadau diddorol oedd hefyd yn adnabod Harri. Roeddwn wedi gweld Dún Aengus o'r blaen, a byddai'r rhyfeddod hwnnw yno am dipyn eto. Doedd hynny ddim o angenrheidrwydd yn wir am yr hen gymeriadau yn Ti Joe Mac yn y pentref.

Blocyn sgwâr hyll ar ochr bryn ydi'r Ti Joe Mac Bar Hostel. Welwch chi mo'i lun ar galendr tafarnau traddodiadol Iwerddon. Ond os ydi'r bar mawr agored yn ddigymeriad, mae'n bell o fod yn ddi-gymeriadau. Pan gyrhaeddais roedd tri neu bedwar grŵp o ddynion yn sgwrsio'n gynllwyngar yma ac acw, i gyd mewn Gwyddeleg. Sut oedd rhywun yn tynnu sgwrs mewn lle o'r fath, yn yr amser prin cyn i'r llong ymadael? Doeddwn i ddim yn awyddus i newid iaith y sgwrsio. Ac roedd gen i ormod o brofiad o fisitors haerllug ym Mhen Llŷn i weiddi 'Helo bawb, dwi'n dwad o Gymru ac yn sgwennu llyfr. Be dach chi'n feddwl o'r Teigr Celtaidd? Be dach chi'n wneud yma yn y gaea?'

Felly mi eisteddais o fewn cyrraedd i hen ŵr mawr rhadlon oedd yn sipian ei beint yn dawel ar ei ben ei hun, a'i gyfarch mewn Gwyddeleg. Doeddwn i'n deall dim gair o'i ateb, felly ymddiheurais mewn Gwyddeleg nad oeddwn i'n siarad fawr ddim o'r iaith, a dweud yn Saesneg fy mod i'n dod o Gymru ac yn adnabod Doctor Jones. Doedd o ddim yn ddyn i gynhyrfu, ond mi allwn weld bod Harri'n ddyn uchel ganddo. Roedd o'n arfer bod yn aelod o griw'r bad achub fyddai'n ei gario o ynys i ynys, meddai. Ei enw oedd Johnny Gill, neu Sean Ó Joill mewn Gwyddeleg. Roedd o'n 89 oed, ac yn credu bod y cyfoeth newydd trwy'r wlad yn beth i'w groesawu. 'We must accept things, I suppose.'

O dipyn i beth mi ehangodd y cylch wrth i'r dafarn lenwi, er mai fi, hyd y gallwn weld, oedd yr unig un nad oedd yn byw ar yr ynys. Aeth y stori ar led fy mod i'n adnabod Doctor Jones ac roedd hynny gystal â cherdyn aelodaeth. Esboniodd un ffarmwr mai'r rheswm eu bod nhw yn y dafarn ac nid allan yn y caeau oedd eu bod nhw ar gwrs lle'r oedd rhyw ddarlithydd yn eu goleuo ynglŷn â gorffennol yr ynys a sut y byddai eu cyndeidiau yn trin y tir. Roedd o wedi dysgu pethau am ei ffarm ei hun nad oedd o'n gwybod dim amdanyn nhw o'r blaen, ac yn ceisio fy mherswadio innau i fynd efo fo i'r dosbarth. Eglurais nad oedd gen i ddim ond awr cyn i'r cwch hwylio. Doedd yr un o'r disgyblion yn dangos awydd mawr i fynd yn ôl i'r dosbarth, pa mor ddifyr bynnag oedd y darlithydd.

Pan grybwyllais y Teigr Celtaidd, dechreuodd sôn amdano fel pe bai'n anifail go iawn. 'Wnaeth y Teigr ddim byd i ni. Pan gyrhaeddodd y Teigr aeth yr adeiladu i fyny a'r pysgota i lawr. Ond nawr bod y Teigr yn mynd, mae'r adeiladu ar ei ffordd i lawr a'r pysgota ar ei ffordd i fyny.'

Roedd tafodau'n dechrau llacio, a finnau'n diolch fod gen i long i'w dal cyn i bopeth fynd ar ddisberod. Cynyddodd y perygl hwnnw pan gyrhaeddodd rhyw gymeriad drygionus efo beret am ei ben, a wnaeth imi feddwl yn syth am Dewi Pws. Doedd o ddim yn annhebyg ei natur chwaith, wrth iddo eistedd ar stôl uchel wrth y bar yn wynebu'r gynulleidfa, a dechrau canu 'Creole girl', un o ganeuon Christy Moore. Cefais wybod mai 'mewnfudwr' oedd hwn, un di-Wyddeleg o Ddulyn. Blinodd ar ganu ei hun a dechreuodd annog pobol eraill i gyfrannu. Roedd yn bryd i mi gau fy ngheg a syllu'n fewnblyg i fy mheint, yn ofni clywed yr hen dôn gron fod pob Cymro'n medru canu.

Ond fedrwn i ddim gadael heb brynu peint i'r hen gyfaill John Gill. Ar fy ffordd i'r bar cefais gyfarchiad cyfeillgar gan 'Pws'. Atebais innau gyda phob ymadrodd Gwyddeleg y gallwn ei gofio, ac yna dal i barablu mewn Cymraeg gwibiog a thrwynol. 'My shame,' meddai'r gwalch, yn dawel am unwaith. 'I have no Irish. But I intend to learn it as I have come to live here among the best people in the world.' Ar y nodyn hwnnw y ffarweliais â Ti Joe Mac, i ddal y cwch yn ôl i ddiogelwch y tir mawr.

Yn ôl i Doolin
Roedd pnawn ar Inis Mor wedi codi fy nghalon i'r fath raddau nes fy mod yn barod i roi cyfle arall i Doolin. Ac i gadarnhau hynny, cefais olwg newydd ar Bridget, y wraig o Bafaria odd yn cadw'r tŷ llety. Daeth yn amlwg fod hon ymhell o fod yn 'fewnfudwraig' ddi-gydymeimlad â gorllewin Iwerddon. Dangosodd lwyth o ffotograffau yr oedd wedi eu tynnu yn yr ardal, a phan ddechreuais ofyn ei barn am yr holl ddatblygu, dangosodd ei holl osgo fod ganddi hithau ei hamheuon. Byddai'n werth imi gael gair â'i gŵr, meddai, ac aeth i chwilio amdano.

Roeddwn i'n disgwyl cyfarfod Almaenwr talsyth, soffistigedig. Ond yr hyn a welais oedd cymeriad o Wyddel efo barf drwchus yn britho, het gowboi, a wyneb direidus ffermwr-bysgotwr o'r gorllewin: gwladwr o'i gorun i'w sawdl, ac eto un y gallech yn hawdd ei blannu ynghanol grwp y Dubliners. John oedd ei enw, ac roedd yn rhyfeddol ddi-flewyn ar dafod pan soniais am y newid yn yr ardal. 'Mae'n edrych yn lle cyfoethog erbyn hyn, gyda thai newydd ym mhobman lle nad oedd dim ond caeau o'r blaen. Ond dydyn ni ddim yn nabod y bobol sy'n byw ynddyn nhw, dydyn nhw'n cyfrannu dim i'r gymuned ac mae'r tai bron i gyd yn dywyll yn y gaeaf.'

Soniais am yr hen ddyddiau pan fyddai Miko Russell yn perfformio a dysgu plant yr ardal ar y tin whistle yn O'Connors drws nesaf. Roedd Miko yn un o dri brawd, meddai. Gussie a Pakie oedd y ddau arall. Er mai Miko a gafodd fwyaf o sylw, Gussie oedd y cerddor gorau yn y sir. Roedd y tri wedi marw ers blynyddoedd, Miko mewn damwain car yng Nghonamara. Roedd un o'i gymdogion wedi ei ddanfon i berfformio mewn cyngerdd yn An Spidéal. Ar ôl iddyn nhw deithio dwy neu dair milltir tuag adref cofiodd Miko ei fod wedi gadael ei got ar ôl. Er nad oedd y got yn werth fawr o ddim, mynnodd fynd yn

ôl i chwilio amdani. Ac wrth i'r gyrrwr droi'n ôl, daeth cerbyd arall ar wib o rywle, a lladdwyd Miko yn y gwrthdrawiad. Roedd yn 79 oed.

Holais John ynglŷn â pherchnogaeth tafarn O'Connor. Roedd Gus wedi marw ers naw mlynedd, meddai, ond roedd Mrs O'Connor – doeddwn i erioed wedi clywed enw cyntaf iddi – yn byw yn y pentref efo'i merch mewn tŷ gwely a brecwast. Draw â fi felly ar hyd lôn fach y tu cefn i'r dafarn nes cyrraedd byngalo sylweddol o'r enw Daly's House. I'r drws daeth gwraig siriol a gyflwynodd ei hun fel Susan Daly.

Esboniodd nad oedd ei mam adref. Rhaid bod ein llwybrau wedi croesi yn rhywle, meddai, gan fod Mrs O'Connor a'i hwyres, merch Susan, newydd adael y tŷ ar eu ffordd i dafarn O'Connor's i gael swper.

Doeddwn i ddim yn siŵr a fyddwn i'n cofio Mrs O'Connor wedi'r holl flynyddoedd. Ond wrth edrych o gwmpas y bar, a gweld nain ac wyres yn mwynhau eu swper, doedd dim amheuaeth mai hi oedd hi. Roedd direidi cyfarwydd yn ei hwyneb.

Cyflwynais fy hun iddi fel un o'r criw o Gymry ac Albanwyr a fyddai'n dod yno ers talwm. Roedd hi'n ein cofio'n iawn, meddai hi, er imi amau mai celwydd golau oedd hynny. Cyflwynodd ei hun fel Doll O'Connor, y tro cyntaf erioed imi glywed enw cyntaf iddi.

Heb imi ofyn, cefais fraslun o hanes ei bywyd. Roedd wedi ei geni a'i magu ar y ffin rhwng Mayo a Roscommon, lle nad oedd gobaith am waith i enethod ifanc. 'Y dewis i mi oedd lleiandy neu'r Princess Maude. Mi ddewisais yr ail, symud i Lundain ac aros yno am un mlynedd ar ddeg.' Ar ôl cyfarfod Gus, torrodd y newydd i'w mam ei bod yn bwriadu priodi dyn o Clare. Doedd hynny ddim yn dderbyniol, ond pan ddywedodd ei fod hefyd yn dafarnwr, roedd hynny'n saith gwaeth. 'I'd rather be a cockleman's donkey,' oedd ymateb ei mam.

Ond i'r dafarn y daeth, yn 1956, pan oedd cerddoriaeth draddodiadol yn cael ei ystyried yn arferiad israddol. 'Byddai Miko Russell yn fy anfon i allan o'r gegin pan fyddai'n dod yno i chwarae cerddoriaeth i fam Gus.' Ond wedi hynny, fe wnaeth y brodyr Russell eu rhan i

Mrs O'Connor

boblogeiddio ac adfywio'r traddodiad trwy Iwerddon, ac yn wir trwy'r byd. Roedd Doolin, a thafarn O'Connor, yng nghalon y chwyldro hwnnw. Ac er gwaetha ofnau ei mam, roedd gwraig y dafarn wrth ei bodd.

'Fe gawson ni amser gwych yma, a gwneud ffrindiau o bob rhan o'r byd,' meddai. 'Fe werthon ni'r dafarn naw mlynedd yn ôl. Bum mlynedd wedyn bu Gus farw, ond doedd neb wedi ei anghofio. Welodd Doolin erioed angladd tebyg. Roedd miloedd yma, o America a phob man, a'r cyfan yn cael ei ddarlledu'n fyw ar y radio.'

Ar ôl ffarwelio â hi a'i hwyres, penderfynais fy mod innau'n haeddu tamaid o swper cyn noswylio. Yr unig adloniant yma heno oedd Americanes yn rhoi datganiad digon ansoniarus o 'Galway Bay', a rhai o'i chydwladwyr yn uno'n frwd yn y cytgan.

Tua Conamara

Mae gen i gydymdeimlad greddfol efo ffawd heglwyr. Dyna'r unig ddull teithio y medrwn ei fforddio ar fy ymweliadau cynnar ag Iwerddon, ac mae gen i atgofion am lawer i sgwrs ddifyr efo gyrwyr trugarog. Fydda i byth yn gadael bodwyr ymbilgar ar fin y ffordd, os na fyddan nhw'n edrych fel Osama Bin Laden neu George Bush. Felly, pan gefais sgwrs â myfyriwr o wlad Pwyl ar y cwch o Ynysoedd Aran i Doolin, ac yntau'n dweud ei fod yn bodio o amgylch Iwerddon ac yn anelu am Galway drannoeth, dywedais fy mod innau'n mynd i'r cyfeiriad hwnnw a bod croeso iddo gael lifft. Rheswm arall dros drugarhau oedd ei fod wedi treulio'r haf yn gweithio mewn archfarchnad Spar yn Iwerddon, yr union fel fy mab Siôn ym Mhwllheli.

Addewais ei ffonio pan fyddwn yn cychwyn fore drannoeth. Erbyn imi wneud hynny, roedd wedi dal bws i'r Cliffs of Moher, ychydig filliroedd i'r de. Dywedais y byddwn yn mynd yno i'w gyfarfod, gan nad oeddwn innau wedi gweld y rhyfeddodau daearegol hynny ers chwarter canrif, nid y bydden nhw wedi newid llawer.

Roedd hynny'n wir am y clogwyni, ond nid am y tirlun o'u cwmpas. Pan gyrhaeddais y safle, a'r clogwyni ar y dde, roedd ffens yn fy atal rhag parcio ar yr hyn a arferai fod yn dir gwag yr ochr honno i'r ffordd. Nid clogwyni yn unig oedd yma bellach, ond y Cliffs of Moher New Visitor Experience, oedd wedi agor chwe mis ynghynt ar ôl 17 mlynedd o baratoi.

Roedd y maes parcio yn anferth, a bron yn wag ar fore o hydref. Roedd y tal mynediad o €8 yn cynnwys parcio, edrych ar y clogwyni, a'r hawl i wario'ch arian mewn siopau, mannau bwyta, arddangosfeydd a sioe amlgyfryngol, y cyfan wedi eu tyllu fel llochesi niwclear i wyneb y graig. Hwn, medden nhw, ydi'r atyniad twristaidd mwyaf poblogaidd yn Iwerddon, sy'n denu miliwn o ymwelwyr y flwyddyn.

Doedd dim llawer o gwmpas y bore hwnnw, a chefais

Clogwyni Moher

hyd i Jan heb fawr o drafferth. Roedd wedi gwirioni ar arfordir Clare, meddai, a hawdd deall hynny gan bod ei gartref yn Cracow bron i bedwar can milltir o'r Môr Baltig. Ar ôl galw am ei becyn cefn yn yr hostel yn Doolin, penderfynais ddilyn yr arfordir tua'r gogledd yn hytrach na'r ffordd fwy uniongyrchol ymhellach i'r tir. Roedd hyn yn gyfle i weld y Burren, un arall o ryfeddodau naturiol Iwerddon. Mae'n ymestyn dros dalp mawr o dir ac yn cynnwys garreg galch wedi ei hollti'n dalpiau fel jig-so, yn foel mewn rhai mannau ac yn garped o blanhigion prin mewn rhannau eraill. Does yma, yn ôl un o gadfridogion Cromwell, ddim digon o ddŵr i foddi dyn, na choeden i'w grogi, na phridd i'w gladdu. Pawb at y peth y bo.

Un o fanteision ffawd heglu, yn fy mhrofiad i, oedd bod rhywun yn dysgu mwy am y wlad trwy sgwrsio â'i bodorion na thrwy unrhyw ddull arall o drafeilio. Doedd dim llawer y gallwn i ei ddysgu i Jan am Iwerddon, er imi wneud fy ngorau, ond fe ddysgais i gryn dipyn am Wlad Pwyl a pham fod cymaint o'i thrigolion yn symud i fyw i'r gwledydd hyn yn y blynyddoedd diwethaf. Myfyriwr yn astudio am ddoethuriaeth gwleidyddiaeth ryngwladol oedd Jan. Roedd wedi gweithio am wyth wythnos yn Iwerddon, yn llwytho silffoedd mewn gwahanol

Jan y Pwyliad ar y Burren

ganghennau Spar, a hynny am saith diwrnod hir bob wythnos heb gymaint ag un diwrnod rhydd. Yn y cyfnod hwnnw roedd wedi ennill €5000, a fyddai wedi cymryd blwyddyn iddo'i ennill adref. Gofynnais iddo sut y byddai hyn yn cymharu â chyflog athrawon yng Ngwlad Pwyl. Doedd dim cymhariaeth, meddai: byddai'r rheini hefyd wedi gorfod gweithio'n hir iawn i ennill y math hwn o arian. Beth am gyflog meddyg? Byddai angen bod yn feddyg arbennig o dda yng Ngwlad Pwyl i ennil cyflog fel hyn. Roedd y Pwyliaid yn Iwerddon a gweddill gorllewin Ewrop yn cael eu hystyried yn weithwyr caled, meddai. Ond ofn colli eu gwaith yr oedden nhw: yn eu gwlad eu hunain roedden nhw mor ddiog ag unrhyw weithwyr eraill. Doedd dim prinder gwaith yng Ngwlad Pwyl, yn enwedig ar ôl i gynifer o bobol adael y wlad. Y gamp oedd cael gwaith oedd yn talu'n rhesymol. Gobaith Jan ar ddiwedd ei astudio oedd cael swydd darlithydd prifysgol, a fyddai'n ei roi ar yr un lefel â gweithwyr archfarchnad yn Iwerddon.

Dinas Galway
Ffarweliais â fy nghydymaith ar gornel Eyre Square yng nghanol Galway, a chael lle i barcio ar y cei. Roeddwn wedi gwahodd fy hun i aros y noson honno yn nhŷ ffrindiau yng nghanol Conamara, ond fydden nhw ddim adref am rai oriau eto, oedd yn gyfle i fwynhau ychydig ar un o'm hoff ddinasoedd. Roeddwn wedi bod yma ar fy nhaith gyntaf erioed i Iwerddon, a chael croeso yn nhŷ gwely-a-brecwast rhyw yrrwr bws a'i wraig yn College Road. Ond doedd fawr o debygrwydd rhwng y ddinas wledig ei naws a welais bryd hynny a'r metropolis sydd yma heddiw, dinas gyda phoblogaeth ifanc ac un o'r rhai cyflymaf eu twf yn Ewrop. Ar y brif stryd siopa, cofiais

am un o'r golygfeydd mwyaf stwrllyd a lliwgar imi ei gweld ar unrhyw stryd erioed. Digwyddodd hynny pan oedden ni'n ffilmio yng ngŵyl Gelfyddydol Galway yn 1994. Thema'r parêd mawr oedd y Ferocious O'Flaherties, llwyth o arwyr neu ganibaliaid, gan ddibynnu ar eich safbwynt, a fyddai'n rhuthro o'u cuddfeydd yng Nghonamara i ysbeilio ac aflonyddu ar deuluoedd Eingl-Normanaidd parchus oedd wedi gwladychu dinas Galway yn yr Oesoedd Canol. 'From the Ferocious O' Flaherties Good Lord deliver us', yw'r gri o'r galon a gerfiwyd ar un o hen byrth y ddinas. Roedd trefnwyr y parêd wedi mynd i ysbryd y cyfnod, gyda'u troliau a'u tryciau, cleddyfau a gwaywffyn, cyrff wedi eu peintio, drymiau ac utgyrn yn seinio a fflamau o dân go iawn yn tasgu, mewn amarch llwyr tuag at unrhyw reolau iechyd a diogelwch.

Heddychlon iawn, mewn cymhariaeth, oedd y stryd ddi-draffig heddiw. Er bod amryw o ymwelwyr yn edrych yn ffenestri'r siopau, roedd y perchnogion wedi cyflogi nifer anarferol o bobol i sefyll yn eu hunfan neu gerdded yn araf yn ôl a blaen yn dal posteri'n eich gwahodd i wario'ch ewros mewn gwahanol siopau a sefydliadau: Finnegans Traditional Irish Food; Bon Appetite; FCUK; High Society Elite Adult Shop. Tybed beth fyddai'n cymell unrhyw fodau dynol i dderbyn y fath swydd? Ai athrawon neu ddoctoriaid yn rhai o wledydd tlotaf dwyrain Ewrop oedden nhw, wedi dod yma i wella'u byd?

Doedd dim angen unrhyw boster i'm cymell i gael saib yn Tigh Neachtain, hen dafarn wych y bûm ynddi sawl gwaith dros y blynyddoedd, a'r lle, fel arfer, dan ei sang. Roedd hi'n weddol brysur yma heddiw hefyd, a'r cwsmeriaid yn groesdoriad teg o ddinas Galway. Wrth y byrddau y tu allan, y trendis ifanc yn sipian eu gwin a'u jin a'u dŵr potel. Oddi mewn, yn llowcio Guinness yn un o'r snygs di-rif, roedd ambell hen ddyddynwr neu bysgotwr mewn cap stabal, y math o wynebau a ddangoswyd ganwaith ar galendrau a chardiau Real Ireland.

Gaeltacht Conamara

Ar fy ymweliad cyntaf ag Iwerddon roeddwn wedi bwriadu ffawd heglu o gwmpas Conamara. Chwerthin wnâi pawb wrth glywed hynny. Doedd dim ceir yng Nghonamara. Felly bu rhaid imi fodloni ar ddiwrnod o wibdaith ar fws, y teithiwr ieuengaf o ddigon ynghanol criw o hen begoriaid Americanaidd oedd yn gwneud siâp croes efo'u dwylo bob tro'r oedden nhw'n gweld eglwys. Mae fy atgofion am y daith honno yn cynnwys pob ystrydeb am yr Iwerddon draddodiadol: bythynnod gwyngalchog to gwellt, teisi mawr, caeau bach, bach efo waliau cerrig, a mwy o gerrig nag o wair ar y llawr. Roedd llawer o'r caeau heb unrhyw adwy, gan wneud i rywun ddyfalu sut y llwyddwyd i gael mul neu fules, neu'r ddau, i mewn i grafu hynny o borthiant oedd ar gael. Roedd y 'tlodion bodlon eu byd' yn rhoi cipolwg ar Gymru oedd wedi diflannu. Hwyrach bod yma hefyd, yn yr isymwybod, ychydig o elfen nawddoglyd – fod yma genedl oedd hyd yn oed yn dlotach na ni.

Mae golwg lewyrchus iawn ar An Spidéal heddiw. Yn y blynyddoedd diwethaf daeth y diwydiant teledu â channoedd o swyddi i'r ardal. Dyma ganolfan cwmni adnoddau Telegael ynghyd â llu o gwmnïau cynhyrchu. Ychydig filltiroedd ymhellach, ym mherfeddion Conamara, y mae pencadlys y sianel Wyddeleg TG4 a sefydlwyd yn 1996 wedi ymgyrch hir. Bûm yn cydweithio llawer gyda'r cwmnïau Gwyddeleg dros y blynyddoedd.

Profiad diddorol, unwaith, oedd teithio ar draws Iwerddon gyda chynhyrchydd o Ddulyn i gyfarfod comisiynwyr TG4 yn eu pencadlys yn Baile na hAbhann. Mae llawer o'r rhaglenni yn cael eu gwneud gan gwmnïau o Ddulyn, ond does dim amheuaeth ymhle mae gwreiddiau'r sianel. Tybed a fyddai gwell graen ar raglenni S4C petai'r rhai sy'n eu gwneud yn gorfod teithio i Fynachlog-ddu neu Lanbryn-mair neu Aberdaron i ddadlau eu hachos gerbron y comisiynwyr.

Y syndod mwyaf, wrth gofio fy ymweliadau cyntaf â'r ardal, oedd fy mod i mewn ffrwd barhaol o draffig. Nid prinder cerbydau fyddai'r broblem i ffawd heglwyr heddiw, ond prinder lle diogel i'w codi ynghanol y prysurdeb. Ac roedd y rhan fwyaf ohonyn nhw'n geir newydd.

Yn llofft yr ŷd ar fferm o'r enw Hirwaun ym Mhen Llŷn mae chwech o blant wedi torri eu henwau ar y wal. Dydyn nhw ddim yn enwau cyfarwydd iawn yn Rhoshirwaun: Michéal, Máire, Aodán, Donncha, Lila, Eadaoin. Mae'r enwau yno ers dechrau'r saithdegau, pan aeth y tylwyth O Conchuir o Baile'n Fhirtéaraigh ar eu gwyliau i gartref fy chwaer a'i gŵr, ar ôl i mi ddod i'w hadnabod ychydig flynyddoedd ynghynt. Máire, yr hynaf o ferched y teulu, oedd wedi cynnig lletty imi heno yn ei chartref yn ardal Camus.

Ar ôl ambell i gam gwag a sawl galwad ffôn, cyrhaeddais dŷ Sgandinafaidd yr olwg yng nghanol coed, oedd wedi ei godi gan Josie, gŵr Maire. Mae'r tŷ a phopeth o'i gwmpas mewn cytgord gyda byd natur, sy'n ganolog i holl fywydau'r teulu. Wrth ei gwaith mae Maire'n swyddog adnoddau gwledig, yn hyrwyddo pethau fel dulliau arbed ynni i deuluoedd ar incwm isel. Adeiladydd ydi Josie, a fu yn gweithio America a Lloegr pan oedd yn ifanc. Mae ganddo gymwysterau mewn addysg awyr agored. Roedd wrthi'n adeiladu kayak pren ar gyfer cystadleuaeth y byddai'n cymryd rhan ynddi yn Ynysoedd Heledd yn yr Alban.

Gan Josie y cefais oleuni ar y ffaith fod cymaint o fyngalos yn britho Conamara ac ardaloedd gwledig eraill, llawer ohonyn nhw'n edrych union yr un fath. Nid cyd-ddigwyddiad oedd hynny, meddai. Roedd llawer o'r tai wedi eu codi i gynlluniau mewn llyfr o'r enw *Bungalow Bliss*, a gyhoeddwyd yn nechrau'r saithdegau. Roedd y llyfr yn dangos 30 o batrymau ar gyfer byngalos. Wedyn gallai pobol eu codi'n rhad, heb angen pensaer. Bu Josie ar un adeg yn adeiladu'r tai hynny. Yn ddiweddar, meddai, mae gormod o gyfoethogion yn Iwerddon sy'n codi ail a thrydydd tŷ, a'r rheini'n rhy fawr ac yn gwastraffu ynni.

A hithau'n ferch i Donncha a Sile Ó Conchuir, doedd dim syndod fod Maire'n poeni am gymunedau gwledig. A doedd hi ddim yn hapus gyda'r ffordd yr oedd Gaeltacht Conamara yn cael ei rheoli.

'Mae arian yn cael ei arllwys yma ers pymtheng mlynedd ond yn lle cael ei sianelu i'r ardaloedd lle mae'r Wyddeleg ar ei chryfaf, mae'n cael ei roi i'r rhai agosaf at ddinas Galway, lle mae mwy o boblogaeth. Yma ac yn fy hen gynefin yn Corca Dhuibne y datblygwyr mawr sy'n llywio pethau, a does fawr ddim diwydiant na busnesau bach. Mae hyd yn oed y prifysgolion yn rhan o'r hap-ddatblygu, ac yn ehangu'r diwydiant iaith heb fawr o sylw i'r effaith ar y gymuned. Mae gwaith cymunedol wedi ei wthio i'r cyrion.'

Mae gan Maire a Josie dri mab yn eu hugeiniau cynnar. Roedd un, Conall, yn byw adref, yn helpu'i dad yn y gwaith adeiladu ac yn astudio ffilm a theledu yn Galway. Roedd y ddau arall, Eoghan a Donncha, yn byw yn Nulyn ac yn gobeithio dod yn ôl rywbryd i Gonamara – ond ddim eto!

Yn unol â'i hegwyddorion, roedd Maire yn gefnogwr brwd i griw oedd yn ymgyrchu yn erbyn datblygiad gan gwmni Shell yn Swydd Mayo ymhellach i'r gogledd. Roedd yn credu mai yno y dylwn i fynd nesaf, a chyn inni noswylio roedd wedi trefnu imi gyfarfod un o'r ymgyrchwyr.

Roeddwn i wedi dilyn rhywfaint ar hynt criw o brotestwyr oedd yn gwrthwynebu cynllun Shell i ddod a pheipen olew i'r lan yn Swydd Westport, ac yn dal wrthi er i bump o'u harweinwyr dreulio cyfnod yng ngharchar. Roeddwn wedi meddwl ar ddechrau'r daith hon y byddai'n beth da cyfarfod rhai ohonyn nhw, ond heb wneud unrhyw drefniant. Ar ôl sôn am hynny wrth Maire doedd gen i fawr o ddewis. Cododd y ffôn, ac roedd fy symudiadau am y diwrnod neu ddau nesaf wedi eu selio. Ond roedd gen i un cyhoeddiad arall yng Nghonamara ar fy ffordd.

Yr Arlunydd
'Pe bawn i yn artist...' Fedrwn i ddim osgoi'r teimlad hwnnw wrth i haul y bore losgi'r tarth a datgelu golygfa hudolus dros fryniau a chorstir a llynnoedd. Os nad oeddwn i'n artist, o leiaf roeddwn i ar fy ffordd i gyfarfod un, a honno'n Gymraes o'r enw Gwyneth Wynn, a fu'n

bwrw gwreiddiau ers blynyddoedd yng Nghonamara. Ond wrth chwilio am ei thŷ, gwelais arwydd yn cyfeirio at Teach an Phiasaigh / Pearse's Cottage. Felly, gan gofio'r ddihareb Wyddeleg fod y Bod Mawr wedi creu digonedd o amser, dyma ddilyn yr arwydd a dringo rhiw nes cyrraedd tŷ haf enwocaf Iwerddon – tŷ haf a losgwyd unwaith y Black and Tans, ond sydd wedi ei adfer i'w hen ogoniant gwyngalchog.

Dúchas, yr awdurdod treftadaeth, sy'n gofalu am y bwthyn a godwyd gan Padraig Pearse, un o arweinwyr Gwrthryfel y Pasg, 1916. Heddiw roedd y giât wedi ei chloi. Dim ond am bedwar mis yn yr haf y mae'n agored i ymwelwyr. Ond roeddwn i'n siŵr y cawn faddeuant am ddringo dros y wal a cherdded o amgylch y tŷ.

Mae'n hawdd gweld pam y dewisodd Pearse y llecyn hwn. I ysgolhaig, bardd, llenor a breuddwydiwr, byddai wedi bod yn demtasiwn i fyw yma fel meudwy yn hel meddyliau. Ond doedd dim heddwch i'r meddwl chwyldroadol. Yma, ym Mehefin 1915, yr ysgrifennodd un o'i areithiau enwocaf, i'w thraddodi ar lan bedd chwyldroadwr arall, O'Donovan Rossa:

'They think that they have pacified Ireland... But the fools, the fools, the fools! They have left us our Fenian dead, and while Ireland holds these graves, Ireland unfree shall never be at peace.'

Lai na blwyddyn ar ôl yr araith, roedd Pearse a'i frawd Willie ymhlith y dynion a saethwyd yng ngharchar Kilmainham am eu rhan yng Ngwrthryfel y Pasg. Ac yn ôl y sôn, roedd rhai o seiri ac adeiladwyr Ros Muc yn dal i ddisgwyl am eu tâl am godi'r bwthyn ar y bryn.

Yn 1994 y cwrddais i â Gwyneth Wynn gyntaf. Roedd wedi symud i ardal Ros Muc o Geredigion ddwy flynedd ynghynt, gan fwriadu aros am chwe mis. Ond mae hi yno o hyd, ar ôl cyfarfod ffermwr swil o'r enw Micil a newid ei henw i Gwyneth Wynn Uí Ghaora.

'Dwi wedi byw yma yn hirach nag yn unlle arall,' meddai. 'Oherwydd gwaith fy nhad yn y banc roedden ni'n symud o hyd pan oeddwn i'n blentyn. Mi fûm i'n byw mewn sawl ardal yng Nghymru, ac yn newydd-ddyfodiad ym mhobman!'

Ffilmio'r gyfres 'Pedwar Cae' yr oedden ni y tro cyntaf inni gyfarfod. Y tro hwnnw aeth Gwyneth â ni i gyfarfod rhai o bobol yr ardal – hynny oedd ar ôl. Dywedodd wrthym fod naw deg y cant o'r rhai oedd eisiau gweithio allan o waith, a chwech o bob deg o'r bobol ifanc yn gadael, yn bennaf i Boston, a ddisgrifiodd fel 'prifddinas Conamara'.

Yn y byngalo braf sy'n gartref i Micil a hithau, gofynnais iddi a oedd hyn wedi newid. 'O ydi,' meddai. 'Mae 'na amryw yn dal yn Boston, ond mae peth wmbreth wedi dŵad adre'n ôl. Drws nesa ond un mae 'na deulu efo saith o blant. Mi fu pob un ond un i ffwrdd yn America neu Loegr. Heddiw mae un ferch yn dal yn America ond mae'r chwech arall wedi dod yn ôl.'

Gyda'i gwallt cringoch ffwrdd-â-hi, ei phrysurdeb hamddenol a'r groes ar gadwyn o amgylch ei gwddw, mae Gwyneth yn edrych fel Gwyddeles. Mae hefyd yn cyfrannu mewn sawl ffordd at ffyniant yr iaith Wyddeleg y mae bellach yn gwbl rugl ynddi. 'Dwi'n byw fy mywyd trwy'r Wyddeleg,; meddai. 'Anaml iawn y bydda i'n siarad Saesneg. A diolch i S4C digidol, rydw i'n cadw mewn cysylltiad reit agos efo'r hyn sy'n digwydd yng Nghymru hefyd.'

Gwyneth Wynn

Mae ganddi stiwdio fechan mewn carafan o flaen y tŷ. Yno, yn ogystal â'i gwaith fel arlunydd, mae'n ysgrifennu a darlunio llyfrau Gwyddeleg i blant. Bydd yn mynd o gwmpas y wlad i ddarllen rhai o'r straeon, ac yn cynnal dosbarthiadau a gweithdai gyda phlant ac oedolion. Mae'n dysgu pobol ifanc sydd â phroblemau, ac yn dysgu celf a chrefft i oedolion sy'n awyddus i fynd yn ôl i fyd addysg. Bob yn ail ddydd Gwener mae'n teithio i Inis Maan i ddysgu celf a chrefft i'r plant, a chynnal dosbarth nos mewn peintio. Yn ôl yn Ros Muc mae'n cynnal gweithdy lleol unwaith yr wythnos. 'Mae gen i ddisgyblion sy'n amrywio o bedair oed i naw deg pedwar!'

Y newid mwyaf a welodd yn ystod ei chyfnod yn yr ardal yw'r tai newydd sy'n codi ym mhobman. Tra bod hynny'n wir am y wlad i gyd, mae symbyliad ychwanegol dros eu codi yn y Gaeltacht, gan fod grantiau ar gael i godi ac adnewyddu tai.

'Dwi'n poeni am y diffyg rheolau cynllunio. Mae'r wlad mor brydferth ac mor hyfryd ond mae ei hanes hi'n diflannu. Mae 'na wraig yn fy nosbarth i yn gweithio ar broject hanes tai Conamara. Ond mae'n anodd dod o hyd i hen dai sydd ar ôl. Unrhyw beth sy'n hen, maen nhw'n ei chwalu. Mae hi'n cofnodi hanes y bobol gyffredin, sy'n diflannu o flaen ein llygaid – holl hanes Conamara, y gwisgoedd, ffordd o fyw, canu, dawnsio. Mae'n mynd â'i chamera a thynnu lluniau hen fythynnod ac yn trio cael hawl i fynd i mewn a thynnu lluniau'r lle tân ac ati. Mae'n faes toreithiog. Mewn gwlad arall byddai gorchymyn cadwraeth ar y llefydd yma. Does dim o hynny fan hyn.'

Ond peidied neb â chael yr argraff fod Gwyneth yn wraig gwynfanllyd. Mae'n siriol ac yn fodlon ei byd, ond yn mynegi cwyn ei chymuned unigryw yn erbyn awdurdod nad yw'n deall ei hanghenion.

'Dwi wrth fy modd yma. Mae rhywun yn wynebu'r pethau sydd ddim yn iawn ond mae'r bobol yn hyfryd ac mae'r cefn gwlad yn hyfryd, os gwnawn ni edrych ar ei ôl. Unwaith maen nhw'n gweld dy fod ti'n mynd i aros yma, ac yn enwedig yn gweld bod yr iaith gen ti, maen nhw'n dy dderbyn i'w mynwes.'

Dafydd a Goleiath

Roedd fy nghyhoeddiad nesaf yng ngogledd-orllewin Mayo, darn anghysbell o wlad nad oeddwn wedi bod ar ei gyfyl o'r blaen i fod yn dyst i frwydr gyfoes rhwng Dafydd a Goleiath, rhwng Mistar a Mistar Mostyn. 'Goleiath' yn yr achos yma oedd Shell, corfforaeth gyda mwy o rym economaidd nag aml i wladwriaeth. 'Dafydd' oedd dyrnaid o dyddynwyr a'u cefnogwyr oedd wedi herio cyfraith gwlad a dioddef carchar am rwystro Shell rhag gosod peipen nwy trwy eu tir. Roedd Maire wedi trefnu imi gyfarfod un o'r prif brotestwyr yn ei gartref yn gynnar gyda'r nos. Felly roedd gen i amser i ddilyn fy nhrwyn ar daith igam ogam trwy ogledd Conamara a de Mayo, ar ôl ffarwelio â Gwyneth Wynn ganol y bore.

Doedd rhan gyntaf y siwrnai ddim yn hollol ddieithr i mi, ac roedd ardal Cong ar lan Loch Mask yn ennyn mwy o atgofion am y daith ffilmio yn 1994. Yr adeg honno roedd yna ddyn ifanc o ardal Pandy Tudur yn gweithio fel hyfforddwr mewn canolfan awyr agored ger pentref Clonbur. Aeth â ni i weld rhai o'r llefydd hanesyddol. Un o'r rheini oedd Loch Mask House, plasty a ychwanegodd at eirfa'r iaith Saesneg. Yma'r oedd cartref y Capten Charles Boycott, asiant didostur y landlord diegwyddor, Arglwydd Erne. Yn 1880, pan oedd brwydr y tir ar ei hanterth, unodd yr ardal i anwybyddu Boycott yn llwyr, gan ei orfodi i gilio i westy yn Nulyn. Ond roedd yr hanes amdano wedi cyrraedd o'i flaen. Pan ddechreuodd staff y gwesty hefyd ei foicotio, aeth adref i Loegr â'i ben yn ei blu, heb fawr o feddwl y byddai ei enw'n dal i gael ei dreiglo yn Gymraeg ar ôl dwy ganrif a chwarter.

Aeth Alun â ni hefyd i weld olion camlas oedd yn un o'r mentrau mwyaf aflwyddiannus erioed. Am bedair blynedd yn ystod Newyn Mawr y 1840au bu cannoedd ddynion yn llafurio i agor camlas a fyddai'n cysylltu Lough Mask a Lough Corrib. Pan agorwyd y llifddorau ar ddiwedd y fenter, llifodd y dŵr i mewn, a diflannu trwy'r garreg galch dyllog i mewn i'r ddaear. Mae yna duedd i drin y 'Cong Dry Canal' fel jôc Wyddelig. Mewn gwirionedd roedd talu cardod i drueiniaid am lafurio ar weithfeydd cyhoeddus di-fudd yn un ffordd o achub bywydau yn y cyfnod mwyaf erchyll yn holl hanes Iwerddon.

Gyda llaw, roedd ein tywysydd, Alun, yn sôn fel y byddai o bryd i'w gilydd yn canu i gyfeiliant gitâr yn rhai o dafarnau'r ardal. Dim ond yn ddiweddar y sylweddolais mai fo ydi'r canwr poblogaidd Alun Tan Lan.

Ymlaen trwy Leenaun, pentref hardd a hen ffasiwn a anfarwolwyd gan y ffilm 'The Field', hanes arwerthiant un cae sy'n crynhoi canrifoedd o ymrafael am berchnogaeth tir a chenedl. Mae'r dref ar lan llyn Killary, nad yw'n cael ei alw'n llyn nac yn 'lough', ond yn fjord, yr unig un yn Iwerddon. Beth ydi'r gwahaniaeth daearyddol, wn i ddim, ond i'm llygaid i roedd lonyddwch tywyll y dŵr ac ochrau serth y bryniau o'i boptu yn ddigon tebyg i Norwy i gyfiawnhau'r label.

Croagh Padrig

Ymlaen â fi at odrau Croagh Padrig, mynydd sanctaidd Iwerddon, y gallaf hawlio imi ei ddringo bedair gwaith yn ystod fy oes. Er ei fod fil o droedfeddi'n is na'r Wyddfa, rydych chi'n cychwyn o lefel y môr, ac mae dwy ran o dair o'r daith yn eich blino'n raddol. Wedyn y daw'r ysgytiad: llethr o gerrig rhyddion mawr pigog weddill y ffordd, y copa o fewn golwg ond yn bell o fod o fewn cyrraedd. Prawf o ffydd ddiysgog pererinion o bob oed a chyflwr corfforol yw bod hyd at ddeugain mil yn dringo'r llwybr hwn ar Sul olaf Gorffennaf bob blwyddyn, llawer ohonyn nhw'n droednoeth.

Yn 1991 bu criw ohonom o 'Hel Straeon' yn ffilmio'r diwrnod, ar gyfer rhaglen ddogfen a alwom yn 'Mynydd a Ffydd a Ffon'. Roedd angen ffon yn ogystal â ffydd, i gynnal pengliniau cyndyn. Gwelsom ar ddechrau'r daith fod Mamon yn fyw ac yn iach ymysg y pethau ysbrydol. Ynghanol stondinau oedd yn gwerthu croesau, lluniau a swfenîrs eraill, roedd criw o blant yn hwrjo pentwr o frigau coed wedi eu torri'n frysiog i wneud ffyn. 'Are you selling these?' gofynnodd ein cyflwynydd, Catrin Beard, i stondinwr dengmlwydd. 'Too fucking right we are,' oedd yr ateb defosiynol.

Mae'n anodd disgrifio'r ymateb wrth weld hen wŷr a gwragedd musgrell yn straffaglu'n droednoeth a digwyno dros gerrig miniog y canllath olaf, y gwaed yn ceulo yn eu traed mwdlyd, eu ffydd a'u grym ewyllys yn herio unrhyw sinigiaeth.

Roedd y dyn camera, y dyn sain a finnau wedi dringo'r mynydd ddeuddydd ynghynt hefyd, er mwyn ymgyfarwyddo â'r llwybr a gwneud yn siŵr bod ganddon ni rai golygfeydd wrth gefn petai ddigwydd i'r tywydd fod yn wael ar y dydd Sul. Y dydd Gwener hwnnw roedd pererindod lai yn cael ei chynnal ar gyfer pobol leol, gydag offeren a chymun yn yr eglwys fechan ar y copa. Cawsom fynd i mewn i ffilmio'r gweith-gareddau.

Roedd hwnnw'n benderfyniad callach nag a feddyliem. Ar y diwrnod mawr, 'Reek Sunday', roedd y gwasanaethau ar y copa i fod i barhau tan dri o'r gloch y pnawn. Ond erbyn i ni gyrraedd am hanner awr wedi dau, doedd dim un offeren nag offeiriad i'w gweld yn unman, ac roedd drws yr eglwys wedi ei gloi. Y cyfan y gallem ei glywed o'r tu mewn oedd llais sylwebydd pêl-droed Gwyddelig. Roedd hi'n *local derby* y diwrnod hwnnw rhwng Mayo a Roscommon, a'r glerigiaeth gyfan wedi cloi ei hunan i mewn yn yr eglwys i ddilyn y gêm, gan adael y pererinion hwyrol i ofalu am eu lles ysbrydol eu hunain. Felly bu raid i 'Mynydd a Ffydd a Ffon' dwyllo ychydig, trwy ddangos lluniau gwasanaeth y dydd Gwener blaenorol.

Erbyn hyn mae canolfan ddehongli ar waelod y llwybr, nad oedd hi ddim yma yn 1991. Roedd ambell un yn cychwyn yn dalog tua'r copa, a'u chwerthin hapus yn awgrymu naill ai ffydd neu anwybodaeth o'r hyn oedd o'u blaenau.

Roedd Westport, prif dref Mayo, yn edrych ar ei gorau gyda rhesi o flodau ar hyd glannau'r afon sy'n llifo trwy'r canol. Roeddwn wedi edrych ymlaen at ginio yn nhafarn enwog Matt Molloy, aelod o'r Chieftains. Ond heddiw roedd y drws ynghlo.

Tipyn o gamp, hyd yn oed i un sy'n ddiarhebol am freuddwydio a cholli ei ffordd, ydi croesi ar ddamwain i ynys. Ond ynys i'r un graddau â Môn ydi Achill, ac roeddwn i wedi mynd mor agos i'r bont sy'n ei chysylltu â'r tir mawr fel bod yn rhaid imi ei chroesi cyn y gallwn droi'n ôl. Mi gaf ddweud fy mod wedi bod yno, er na welais i ddim ohoni. Roeddwn bellach mewn tir oedd yn hollol ddieithr, a hwnnw'n dir hynod o anial, gyda chrindir cras yn ymestyn am y gwelech chi. Roedd gyrru am filltiroedd heb weld na thŷ na thwlc yn fy atgoffa o deithio trwy'r paith ym Mhatagonia. Doedd gen i fawr o syniad lle'r oeddwn i, ond tipyn o sioc oedd gweld arwydd, ymhen hir a hwyr, yn hysbysu fy mod wedi cyrraedd Bangor. Mi wyddwn fod yna Fangor ar gyrion Belfast, ond hwn oedd y tro cyntaf imi glywed am Bangor-yn-Erris. Tref fach ar lan afon oedd hi, yn llai na Bangor Is-coed heb sôn am Fangor Fawr yn Arfon, a hi oedd y porth i'r penrhyn tawel a heddychlon oedd wedi troi'n faes annisgwyl iawn i'r frwydr fawr rhwng yr ardalwyr a chwmni Shell.

Cefais gadarnhad fy mod ar y ffordd iawn pan welais arwydd yn dweud 'Corrib Field Development – Bellanaboy Bridge Gas Terminal', ac oddi tano y geiriau eironig 'We apologise for any delays'. Gorfoleddu am unrhyw oedi yn y gwaith y byddai'r rhan fwyaf o'r ardalwyr, er y byddai hynny'n dân ar groen Shell a'r llywodraeth, oedd wedi bwriadu gorffen y gwaith erbyn 2003. Ymhen milltir neu ddwy awn heibio i drelar Ifor Williams wedi ei addurno â phosteri'n dweud pethau fel 'Treason', car Garda wedi ei barcio gerllaw a rhes o groesau pren wedi eu codi gyferbyn. Roedd hi'n demtasiwn i loetran a busnesu, ond dal i fynd wnes i a dilyn cyfarwyddiadau nes cyrraedd byngalo newydd gyferbyn â chiosg. Yma'r oedd cartref Micheal Ó Seighin, yr hynaf o'r pump a dreuliodd 94 diwrnod yn y carchar.

Ei wraig, Caitlín, a atebodd y drws. Esboniodd fod Micheál yn dal yn yr ysgol – er ei fod wedi hen ymddeol fel athro. Roedd wrthi'n gosod silffoedd yn yr ysgol gynradd lle'r oedd eu merch yn athrawes. Roedd Caitlín yn gymeriad cadarn, doniol, di-flewyn ar dafod, a wnaeth imi deimlo'n gartrefol yn syth bin. Esboniais fy mod yn bwriadu chwilio am wely a brecwast rywle yn yr ardal. Doedd dim rhaid, meddai. ' Mae 'na wely iti yma ond mi fyddi'n codi'n fore i ddod gyda fi ar y llinell biced erbyn saith o'r gloch.' Roedd yn amlwg nad oedd cefnogaeth ei wraig yn broblem o gwbl i'r hynaf o Bumawd Rossport.

Mae'n debyg mai oherwydd y Birmingham Six a'r Guildford Four – dau grŵp a garcharwyd ar gam am fomiau'r IRA – y bu Iwerddon mor barod i gydio yn y label Rossport Five. Ond i mi roedd ganddyn nhw fwy'n gyffredin efo Triawd Penyberth: dynion oedd wedi mynd i garchar dros egwyddor gan gredu mai'r gyfraith ac nid nhw oedd ar fai. Roeddwn wedi meddwl hynny cyn gweld yr un o'r pump, ond pan gerddodd Micheal O Seighin i'r tŷ yn ei ddillad saer coed, cefais dipyn o sioc. Yn fyr a chydnerth, parod ei hiwmor a phrin ei wallt, fe'm hatgoffodd yn syth o athro arall, D. J. Williams. Roedd hefyd yr un mor gryf ei ddaliadau, yn gwbl ddiedifar am ei dorcyfraith. Dywedodd wrthyf ei fod wedi gwerthfawrogi, beth bynnag am fwynhau, ei gyfnod yng ngharchar, oherwydd ei ddiddordeb mewn pobl; yn hynny hefyd roedd yn debyg i D.J. Gan mai am un noson yr oeddwn i'n aros, doedd dim llawer o amser ar gyfer mân siarad. Felly dyma'r ddau'n bwrw iddi i sôn am y frwydr fawr oedd wedi ennill sylw a chefnogaeth o sawl cwr o'r byd, er bod Llywodraeth Iwerddon, oedd yn gweld pethau'n wahanol o Ddulyn, ar yr un ochr â Shell.

Yn 1996 y darganfuwyd yr hyn a elwir yn faes nwy Corrib, cyflenwad swmpus o nwy naturiol o dan y môr hanner can milltir o arfordir Mayo. Ar y dechrau roedd hyn yn destun llawenydd, gan y byddai'n ychwanegiad gwerthfawr at gyflenwad ynni Iwerddon. Ond pan gyhoeddodd Shell, y prif bartner yn y fenter, fanylion eu cynllun i ddod â'r nwy i'r lan, cododd pryder a drodd cyn bo hir yn wrthwynebad ffyrnig. Roedd y nwy crai i gael ei gludo mewn peipen ar bwysedd uchel chwe milltir i mewn i'r tir, i burfa ym mhentref Bellanaboy. Byddai'r beipen yn rhedeg o fewn 70 metr i gartrefi ac – yn ôl y gwrthwynebwyr – yn peryglu bywydau. Eu dadl nhw

Micheal Ó Seighin

oedd y dylai'r nwy gael ei buro allan yn y môr fel sy'n digwydd, meddai'r gwrthwynebwyr, ym mhobman arall trwy'r byd.

Penllanw'r brotest oedd i nifer o bobol fynd ati i atal peirianwyr Shell rhag gwneud eu gwaith, ac i'r cwmni ddarbwyllo barnwr i osod gwaharddeb llys yn erbyn pump o'r dynion. Gwrthododd y pump ufuddhau, a chael eu hanfon i garchar Cloverhill yn Nulyn 'am gyfnod amhenodol'. Ffermwyr oedd tri: y brodyr Philip a Vincent McGrath, a James Brendan Philpin. Roedden nhw wedi gwrthod gorchymyn gwerthiant gorfodol i adael i'r beipen nwy fynd trwy eu tir. Athrawon wedi ymddeol oedd Micheal Ó Seighin a'i gyn-ddisgybl, Vincent McGrath. Dywed y pump iddyn nhw gael eu dewis allan o tua 30 o bobol oedd wedi rhwystro'r gwaith. Os felly byddai'n anodd iddyn nhw fod wedi dewis pump mwy di-ildio. Doedd yr un o'r pump wedi torri'r gyfraith cyn hynny, a doedd neb wedi disgwyl y fath benderfyniad gan rai oedd yn falch o'u disgrifio'u hunain fel gwladwyr syml.

Mewn llythyr agored o'u celloedd, datganodd y pump: 'Rydyn ni yng ngharchar ar hyn o bryd am wrthod caniatau i Shell a'u partneriaid yn Llywodraeth Iwerddon

Y tirlun y byddai'r beipen yn mynd trwyddo

adeiladu pibell yn agos at ein cartrefi. Ein trosedd oedd gwrthod mynediad i'n tiroedd. Rydym wedi gwrthod mynediad oherwydd y sicrwydd, os bydd y bibell hon o dan y cynllun presennol yn torri, byddwn ni, ein teuluoedd a'n cymdogion yn marw'. Roedd y barnwr wedi egluro y bydden nhw'n cael eu rhyddhau yr eiliad y bydden nhw'n clirio ('purge' oedd y gair ffurfiol) eu dirmyg llys, ond doedden nhw ddim am wneud hynny. Yn y diwedd fe wnaeth Shell gais i'r Uchel Lys am i'r gorchymyn yn eu herbyn gael ei godi. Digwyddodd hynny, ac ym Medi 2005 cafodd y pump eu rhyddhau. Wedi hynny trodd yr ymgyrch o blaid rhyddhau'r pump yn un i orfodi Shell i buro'r olew allan yn y môr, a fyddai'n costio gormod yn ôl y cwmni, a wnaeth elw o tua €18 biliwn y flwyddyn honno.

Aeth Micheal â fi yn ei gar ar daith gyflym o amgylch ardal yr oedd yn amlwg yn meddwl y byd ohoni. Esboniodd nad oedd yn hanu o Mayo, ond o Sir Limerick, a'i fod o gefndir gweriniaethol, ac iddo gael swydd athro yn ysgol uwchradd Rossport yn 1962. 'Y bwriad oedd aros am ddwy flynedd,' meddai. 'Ond rydw i yma o hyd.

Mae Caitlín wedi byw yn yr ardal yma ar hyd ei hoes.' Roedd y rhan hon o Mayo yn rhan o Gaeltacht fawr, er mai lleiafrif fel nhw oedd yn gwneud defnydd helaeth o'r iaith.

Aethom allan o'r car ar glogwyn uwchben yr arfordir hyfryd ble byddai'r beipen nwy yn dod i'r lan. Yno, yn gymysg â ffeithiau am yr ymgyrch, cyfeiriodd at chwedl Plant Llŷr, sy'n rhan o fytholeg Cymru hefyd. Yma yn Erris, meddai, y dywedir i'r plant a drowyd yn elyrch am naw can mlynedd gael eu troi'n ôl yn fodau dynol, nid yn blant chwaith ond yn dri hen ŵr ac un hen wraig fusgrell.

Cawsom seibiant wedyn i siarad efo dyn ifanc oedd yn cerdded i'n cwfwr. Roedd yn dod o Kerry ac yn aros ers chwe mis oedd mewn gwersyll a sefydlwyd gan rai oedd eisiau bod yn rhan o'r ymgyrch. Ei fwriad oedd galw heibio ar ei ffordd i'r Alban. 'But I got sidetracked,' meddai. 'We all got sidetracked,' meddai Micheal. 'There will always be struggles,' meddai'r dyn o Kerry.' 'It makes life worth living,' meddai Micheal. 'A Bertie on every hillock!'

Doedd Bertie Ahern ddim yn un o hoff wleidyddion yr ymgyrchwyr. Roedd yr Eglwys Gatholig hefyd o dan y lach. Gyda rhai eithriadau gan gynnwys yr offeiriad lleol – 'yr unig un â chanddo ddewrder' – roedd offeiriaid ac esgobion wedi gwneud eu gorau glas i gael pobol i gowtowio i Shell. 'Aeth yr esgob lleol i dŷ Willie Corduff i geisio'i berswadio i newid ei feddwl. Mae gan Willie ddau darw. Roedd mab Willie'n dweud wedyn y dylai ei dad fod wedi eu gollwng nhw'n rydd!'

Ond y gelynion pennaf yn ei olwg oedd llywodraeth Iwerddon. Roedd yr heddlu, y llysoedd a holl beirianwaith y wladwriaeth yn gweithredu dros y cwmniau olew.

'Mae'n gwleidyddion ni ar werth. Mae ganddon ni ddiwylliant Zimbabwe ar ein dwylo.'

Doedd neb wedi meddwl y byddai'r pump yn parhau â'u safiad nes i Shell ildio ar y gorchymyn llys. Ond wrth i'r carchariad fynd yn ei flaen roedd swyddogion carchar yn eu parchu a'r carcharorion yn eu hedmygu. 'Mi ddywedodd un sgriw – un fenywaidd – bod ei mam yn dweud wrthi nad oedd pwynt iddi ddod adref petai unrhyw beth yn digwydd i ni.

'Doedd bod yng ngharchar ddim yn fy mhoeni fi. Y peth mwyaf trist, ar ôl treulio fy oes ymhlith pobol ifanc, oedd gweld rhai ohonyn nhw heb fynediad i unrhyw beth, i addysg, i fywyd, i ddim byd.

'Athro gwael iawn fuaswn i pe bai gen i mo'r awydd i helpu fy mhobol fy hun. Rydw i bob amser wedi ymddiddori mewn materion cymunedol. Ond diogyn ydw i yn y bôn. Athro, nid gweithredwr.'

Bore trannoeth, daeth cnoc gynnar ar fy nrws. Roedd Caitlín yn cadw'i gair. Felly, ar ôl tamaid o frecwast, i ffwrdd â ni yn y Volvo i ymuno â'r picedwyr yn Bellanaboy. Roedd hyn yn ddefod ddyddiol i rai pobol ers nifer o flynyddoedd, gan mai dyma safle'r burfa, neu'r terminal, er mai ychydig o waith oedd wedi digwydd yno oherwydd y gwrthwynebiad. A doedd dim gwaith o gwbl wedi digwydd ar y beipen nwy y byddai'r terminal yn ddiwerth hebddi.

Protest dawel oedd yno heddiw, gyda dyrnaid o bicedwyr yn sefyllian gan yfed te o amgylch y trelar Ifor Williams, pencadlys y brotest. Y tu mewn ymunodd Caitlin â'r merched oedd yn gwneud te a chadw trelar enwocaf Iwerddon yn ddiddos ar gyfer pawb oedd yn galw heibio. Cyflwynwyd fi i Albanes danbaid o Glasgow, oedd bellach yn byw yn yr ardal, ac a ddywedodd wrthyf bod ganddi enw Cymraeg. Roeddwn i'n amau hyn pan ddywedodd mai'r enw oedd Winifred. Wedyn mi gofiais glywed Winnie Ewing, Aelod Seneddol yr SNP ar y pryd, yn areithio yn rhywle yng Nghymru ac yn dweud fod ei henw cyntaf yn tarddu o'r enw Cymraeg Gwenfrewi. Dywedais hynny wrth y Wenfrewi hon nad oedd, am ryw reswm, yn meddwl llawer o Mrs Ewing. 'That bitch Winnie!' meddai.

Gofynnais i'r picedwyr a fyddai wahaniaeth ganddyn nhw wneud eu priod waith, sef picedu, er mwyn i mi gael tynnu eu lluniau. Cydiodd pawb mewn poster neu faner a sefyll yn rhes o flaen mynedfa'r safle. Doedd dim ymdrech i atal ambell gerbyd rhag mynd i mewn ac allan. 'Token presence' oedd hi ar fore tawel fel heddiw, meddai'r picedwyr, a chefais yr argraff mai dyna hefyd oedd swyddogaeth dau blismon oedd yn eistedd mewn car yr ochr draw i'r fynedfa. Ond wedi imi dynnu'r llun tynnwyd fy nghoes bod fy llun innau bellach wedi ei gofnodi ac y byddwn innau'n cael fy ngwylio o hyn ymlaen.

Cyn gadael Llys Ifor Williams, diolchais am y coreso a'r paneidiau te, a phrynais lyfr o'r enw *Our Story, the Rossport Five* lle mae pob un o'r pump a'u gwragedd yn adrodd profiadau a dynnodd sylw'r byd at arwriaeth yr ardal wledig hon.

Croesau yn cynrychioli rhai y mae'r protestwyr yn cyhuddo Shell o'u llofruddio yn Nigeria

Ar lan afon Shannon

Er mai'r tua'r gogledd yr oeddwn i'n trio mynd ar ôl ffarwelio â'r picedwyr, roedd lleoliad fy nghyhoeddiad nesaf yn golygu tacio, fel cwch yn erbyn y gwynt, i gyfeiriad y de ddwyrain. Fy mwriad rywbryd cyn nos oedd cyrraedd Drumsna pentref ar lan afon Shannon yn Swydd Leitrim yr oeddwn wedi ei ddarganfod gyntaf yn 1994. Doedd dim brys, a phan welais arwydd yn cyfeirio at ganolfan ddehongli Achaidh Cheide, neu Ceide Fields, penderfynais gael golwg ar y lle. Fy nghar i oedd yr unig un yn y maes parcio, a phan gerddais i'r ganolfan, oedd yn edrych fel tŷ gwydr ar siâp pyramid ar ben bryncyn, fi oedd yr unig gwsmer. Erbyn deall, hon oedd yr wythnos olaf cyn iddyn nhw gau am y gaeaf, ac roedd y staff yn fwy na pharod i estyn croeso.

Dywedodd y ferch wrth y ddesg bod ffilm hanner awr ar y lle ar fin cael ei dangos. Atebais innau bod yn well gen i weld y lle go iawn yn gyntaf. Roedd y caeau yn cael eu disgrifio fel darganfyddiad anhygoel oedd yn adrodd cyfrolau am fywydau pobol Oes y Cerrig.

Braidd yn siomedig, ar yr olwg gyntaf, oedd y caeau i mi. Roeddwn i wedi disgwyl o leiaf rhywbeth tebyg i'r 'strydoedd' o gytiau crynion sydd i'w gweld yn Nhre'r Ceiri'. Y cyfan a welwn i yma oedd erwau maith o fawnog gyda rhesi o waliau cerrig isel yma ac acw.

Ar fy ffordd yn ôl trwy'r ganolfan cefais wahoddiad unwaith eto i wylio'r ffilm. Gofynnais pryd oedd y dangosiad nesaf, a chael yr ateb 'pan fyddi di'n barod'. Felly cefais sinema i mi fy hun, a chyfle i werthfawrogi go iawn pam fod y Caeau Ceidi yn un o safleoedd Neolithig pwysicaf Ewrop.

Roedd archeolegydd o'r enw Seamus Caulfield yn dweud yr hanes gydag arddeliad oedd yn mynnu'ch sylw, a pha ryfedd. Oni bai am ei dad, fuasai'r rhyfeddod erioed wedi cael ei ddatgelu i'n hoes ni. Wrth gloddio mawn ar gyfer ei deulu yn 1934 roedd Patrick Caulfield, athro yn yr ardal, wedi dod o hyd i waliau cerrig oedd

Caeau Ceidi a'r ganolfan ddehongli

wedi'u claddu o dan y gors. Sylweddolodd bod y waliau felly yn hŷn na'r gors ei hun, ac yn bum mil a hanner o flynyddoedd oed o leiaf. Symbylodd hynny ei fab i ddilyn gyrfa mewn archaeoleg, a threulio blynyddoedd, ynghyd ag archaeolegwyr eraill, yn archwilio'r trysor a ddarganfuwyd gan ei dad.

Roedd 250 acer o'r gors wedi ei 'chloddio' yn barod gan gasglwyr mawn, ond doedd gan yr archaeolegwyr ddim bwriad i gloddio mwy na hynny. Ystyriwyd pob math o dechnolegau gwyddonol i archwilio'r tir o gwmpas, cyn penderfynu ar y dull symlaf un. Aed ati i wthio polion hir i'r ddaear trwy'r haen o fawn, nes taro pen waliau tua 13 troedfedd o dan yr wyneb. Wrth wneud hyn roedd modd llunio map o'r tirlun oedd wedi ei selio a'i gadw'n union fel yr oedd cyn i blanhigion dyfu a'r gors ymffurfio. Gwelwyd fod waliau cyfochrog yn ymestyn o'r clogwyni uwchben y môr am fwy na milltir, gan rannu'r tir yn lleiniau. Roedd y safle i gyd yn ymestyn dros fwy na dwy fil a hanner o aceri ac yn cynnwys ffermydd unigol a beddau megalithig. Daeth yr arbenigwyr i'r casgliad mai ffermio gwartheg oedd yn cynnal y bobol a bod cymuned enfawr yn byw yma gan wneud penderfyniadau ar y cyd. Un o'r pethau mwyaf arwyddocaol yn yr hanes i gyd oedd nad oedd arwydd o unrhyw wal amaethyddol. Pobol heddychlon oedd yn byw yma.

Ar ôl gweld y ffilm, es allan eto i fwrw golwg dros y tirlun, a'i weld mewn golau newydd. Heddiw mae'n dir anghyfannedd, heb fawr o arwydd o weithgarwch dynol. Ond o dan dawelwch y gors, fe gladdwyd cymuned ddyfeisgar, fyrlymus. Y ffaith eu bod nhw mor gyffredin sy'n gwneud Caeau Ceidi yn gymaint o ryfeddod.

Yn Killalla, tref fach glan môr, tynnwyd fy sylw gan dŵr crwn uchel, pigfain, un y byddai parasiwtydd call yn gwneud pob ymdrech i'w osgoi. Penderfynais aros i gael gwell golwg arno, ond roedd y giât tuag ato wedi ei chloi. Bûm yn cerdded ychydig o amgylch y dre a chwaraeodd ran bwysig yn hanes Iwerddon. Ar y traeth gerllaw y glaniodd mwy na mil o filwyr o Ffrainc mewn tair llong yn 1798 i helpu'r United Irishmen dan arweiniad Wolfe Tone yn erbyn llywodraeth Prydain. Colli'n anrhydeddus, yn y traddodiad Celtaidd, oedd eu hanes. Dienyddiwyd dwy fil o Wyddelod am eu rhan yn yr antur.

Cyn gadael Killala prynais gopi o'r *Irish Independent* i'w ddarllen uwchben paned a brechdan mewn caffi bach yng nghanol y dre. Roedd yn llawn straeon am Weinidog Amddiffyn Iwerddon, Willie O'Dea, yn mynd i drafferth mewn tafarn: trafferth a ddisgrifiai un colofnydd fel 'row, altercation, fight, frank exchange of views, slagging match or whatever'. Asgwrn y gynnen oedd penderfyniad cwmni Aer Lingus i roi'r gorau i'w gwasanaeth rhwng maes awyr Shannon a Llundain. Mewn tafarn yn Limerick roedd John Fahey, dyn busnes chwe troedfedd pedair modfedd o daldra wedi cwyno wrth y gweinidog ('Wee Willie' a 'pint-sized politician') am ddiffyg cefnogaeth y llywodraeth i'r ymgyrch i gadw'r gwasanaeth. Yn ôl llefarydd swyddogol y Gweinidog,

'Mr O'Dea was confronted by a man who aggresively expressed his negative opinion of Fianna Fail'. Stori Mr Fahey oedd: 'The minister said "I would like to hit you" and I said "If you were any bigger I would let you".'

Drumsna

Doeddwn i erioed wedi clywed am Drumsna cyn 1994. Yn Ionawr y flwyddyn honno, wrth ymchwilio ar gyfer y gyfres 'Pedwar Cae', anfonais lythyr at bapurau bro Cymru yn holi am siaradwyr Cymraeg oedd yn byw yn Iwerddon. Daeth un ateb oddi wrth ferch o'r enw Siân Dole. Dywedodd Siân ei bod hi a'i chariad, Dai Rees, ynghyd â phedwar ceffyl, ci a chath, wedi symud o ardal Pen-bre y mis Medi blaenorol i fwthyn 'gyda thamed bach o dir', ar gyrion Drumsna ger Carrick on Shannon, Swydd Leitrim. 'Nid ydym yn gwneud dim byd diddorol ar wahân i farchogaeth a chadw ceffylau. Mae un merlyn 'da fi sy'n dair ar hugain oed a finnau wedi bod yn berchennog arno ers iddo fod yn ebol... Mae'r tafarnwr lleol yn hoff o fynd mewn canŵ ar y Shannon ac mae wedi addo mynd â ni pan fydd y tywydd yn braf. Gobeithio dewch chi draw i Drumsna i weld y bobl, sy'n groesawgar ofnadwy, a rhoi peth canmoliaeth i'r ardal fach hyn.'

Felly, ar ddydd Sul ym Mehefin 1994 honno, dyma gyrraedd Drumsna ar ôl gwneud ychydig o ymchwil brysiog am y lle. Cawsom wybod mai ystyr yr enw cywir Droim ar Snámh yw 'Crib y Lle Nofio', ei fod wedi ei godi ar fryncyn uwchben dolen yn afon Shannon, afon hiraf a lletaf Iwerddon, a bod camlas wedi ei hadeiladu i gysylltu dau ben y ddolen er mwyn byrhau'r siwrnai. Ond yr hyn oedd yn ein diddori ni fwyaf oedd bywyd y gymuned yr oedd Dai a Siân wedi ymdoddi iddi mewn cyfnod mor fyr. A bron cyn inni roi'n traed ar y ddaear roedden ni'n deall pam: roedd y croeso, os rhywbeth, yn well na'r hyn oedd Siân wedi ei addo yn y llythyr.

Buom yn ffilmio Dai a hithau ar eu harch Noa o ddyddyn, a chael ein cyflwyno i'r anifeiliaid oedd yn cynnwys yr eboles ifanc Roisin, Gelert y ci, Streipen y gath a Henri'r iâr, oedd yn yfed seidr. Cawsom weld Dai

Dai Rees

a Siân, yn canŵio ar yr afon gyda'u cymdogion, a pherswadiwyd Lyn i fentro i ganŵ am ryw bymtheg eiliad. Fedrwch chi ddim gwneud rhaglenni am Iwerddon heb ffilmio grŵp o gerddorion traddodiadol gyda'u ffidlau a'u bodhran a'u banjo o amgylch tân mawn mewn tafarn, a dyna'r unig reswm inni fentro dros drothwy tafarn y ddau frawd Gabriel a Noel Duignan. Rywbryd yn yr oriau mân, cadwyd y camera a diffoddwyd yr offer ffilmio, ond ni thawodd y gerddoriaeth na'r craic. I dorri noson hir iawn yn fyr, fe gododd arogl ffrio bacwn o'r gegin a gwahoddodd Gabriel bawb oedd yn dal ar eu traed i ddod drwodd am frecwast. 'The cameras came to Drumsna and filmed in Duignan's Pub. This was a very interesting Welsh/Irish evening', oedd disgrifiad cynnil Siân mewn llyfryn am y pentref flynyddoedd wedyn.

Ar wahân i anfon tapiau fideo o'r rhaglen, a chyfnewid ambell gerdyn Nadolig, fu dim cysylliad rhwng pobol Drumsna a minnau am ddeng mlynedd dda. Cwestiwn olaf Lyn i Siân ar y ffilm orffenedig oedd 'Pa mor hir ydych chi'n bwriadu aros?' a'i hateb oedd "Am byth, siŵr o fod!'

Ac yna, yn 2005, cawsom wybod gan ein ffrindiau James a Treas O'Byrne bod eu merch Sinéad, ei phartner Tony a'i mab Chris, wedi mudo o Skerries ger Dulyn i Drumsna. Roedd yn lle cyfleus i Sinead, oedd yn treulio llawer o amser yn siroedd y gorllewin yn gwerthu offer i siopau fferyllwyr. Roedden ni wedi dod i adnabod James a Treas a'r teulu trwy Scott a Geri yn ein Cae yn Kerry, a'r tri theulu wedi dod yn ffrindiau mawr. Roedden nhw wedi fy nghlywed yn sôn am fy nhaith i Drumsna, ond cyd-ddigwyddiad oedd hi fod Sinead wedi dewis mynd i fyw yno.

Yn fuan wedyn, wrth ymweld â'i ferch yn y cartref newydd, sylwodd James ar fan wen wedi ei pharcio yng nghanol y pentref efo draig goch fawr ar y cefn a'r enw 'Dai Rees, Tiling and Flooring' ar yr ochrau. Mater o alw yn Duignan's a gwrando am acenion Cymraeg oedd hi wedyn, ac o fewn dim roedd Sinead a Dai yn sgwrsio yn y gornel fwg wrth y drws cefn. Daeth y ddau deulu'n ffrindiau pennaf, a'r haf canlynol roedd Dai, Siân a'u merch Rhian Haf yn gyflawn aelodau o frawdoliaeth gwersyllwyr a charafanwyr y Cae.

Ac felly, ar y pumed o Hydref 2007, dyma finnau yn ôl yn Drumsna am y tro cyntaf mewn tair blynedd ar ddeg.

Y man cyfarfod oedd Duignan's – ble arall. Roedd Siân, Dai a Rhian, Sinead Tony a Chris, yno o fy mlaen, a James a Treas newydd gychwyn ar eu taith ddwyawr o Skerries. Roedd hi'n nos Wener, ac ysbryd diwrnod cyflog neu ddiwrnod pensiwn yn llenwi'r lle. Roedd Dai yn ei elfen, y Gwyddelod ac yntau'n enllibio'i gilydd gyda mileindra na fyddai'n digwydd ond ymhlith ffrindiau. Roedd y clebran yn fy atgoffa o hiwmor y cymoedd a'n blynyddoedd ym Mhontypridd. Dim rhyfedd fod Dai, brodor o Borth Tywyn, mor gartrefol yn y lle. O rywle fe ymddangosodd Cymro arall yr oedd Dai'n ei gyfarch fel Swansea Jack. Pan gyflwynwyd fi i hwnnw datododd ei grys i ddatgelu tatŵ o Eryr Gwyn Eryri ar ei ysgwydd.

'Roedd hi'n fwy hwyliog byth yma pan ddaeth Dai a fi yma gynta,' meddai Siân. 'Roedd 'na fwy o hen bobol yma bryd hynny. Ar ddydd Gwener mi fydden nhw'n cyrraedd Duignans am bedwar, rhai'n dod ar eu tractors, ac un â chi bob amser yn rhedeg ar ôl ei gar. Bydden nhw'n ymgasglu yma hefyd ar ôl offeren ar ddydd Sul. Roedden nhw'n meddwl y byd o Dai a bydde fe'n cael eistedd gyda nhw, oedd yn dipyn o fraint. Ry'n ni'n colli'r hen fois, roedd yn bleser gwrando arnyn nhw'n clebran.'

Erbyn i James a Treas gyrraedd roeddwn i'n ofni fod noson hir arall o'n blaenau. Ond rhaid ein bod ni wedi

Rhian Haf, Trefor y merlyn a Siân

callio rhywfaint. Roedd pawb yn ôl yn nhŷ Sinead, Tony a Chris ar awr resymol, yn barod am drannoeth.

Pe byddai cyfrifiad cenedlaethol Iwerddon yn cofnodi creaduriaid y maes yn ogystal â bodau dynol, byddai ffurflen Keelogue, cartref Dai, Siân a Rhian, yn werth ei darllen. Yn ogystal â'r tri a enwyd, byddai'n cynnwys yr enwau canlynol: Fluffy (merlyn), Katy (merlen), Trefor (merlyn mynydd Cymreig), Mai (merlen fynydd Gymreig), Mali (gast Kerry Blue), Bechan (gast Kerry Blue), I-o (asyn), Joe (ceiliog), Jenny (iâr), a dwy gath, dwy gwnhingen a mochyn cwta na allaf gofio'u henwau.

Y pnawn y galwaodd James, Treas a finnau, roedd pawb o'r frawdoliaeth adref heblaw Dai, oedd yn ei waith, ac I-o, oedd wedi mynd allan ar fenthyg i dŷ cymdogion i dorri'r lawnt. Cawsom bnawn hamddenol braf yn sgwrssio ac yfed te yn yr ardd a gwylio Siân a Rhian yn marchogaeth ceffylau o gwmpas y lle.

Digon o dir ar gyfer y ceffylau oedd un o'r prif ystyriaethau a berodd i Dai a Siân symud yma o Gymru yn 1992. Roedd Siân wedi cael ei cheffyl cyntaf pan oedd hi'n naw oed, a Dai wedi ei fagu yn yr un traddodiad:

byddai ei dad-cu yn hyfforddi ceffylau ac yn cyflenwi merlod ar gyfer y pyllau glo yn ardal Pen-bre.

'Cyn inni adael Cymru roeddwn i'n arfer cadw a reidio ceffylau ar dir yn ardal Pinged ar bwys Porth Tywyn,' medd Siân. 'Wedyn fe ddaeth sôn bod pwll glo brig am agor yn yr ardal, fyddai wedi bod yn ofnadw. Fe fuon ni'n ystyried symud i ogledd Cymru neu i Iwerddon. Fe edrychon ni ar ar lefydd mewn sawl rhan o Iwerddon, fel Galway a Kilkenny. Dwedodd rhwyun wrthon ni, 'Fe fyddech chi'n crogi'ch hunain yn Galway yn y gaeaf'! Yn y diwedd cawson ni hyd i'r lle yma. Roedden ni eisie o leia naw erw o dir, ac mae deg erw gyda ni fan hyn. Ddaeth y glo brig ddim i Pinged. Ond ry'n n'n falch bod ni wedi dod. Fe gawson ni'n derbyn, ac ry'n ni'n teimlo'n gartrefol yma o'r dechre.

'Roedd pobol yn edrych yn od pan gyrhaeddon ni yma mewn lori, gyda chi a chath yn y cab! Roedd y tŷ mewn cyflwr gwael bryd hynny. Doedd dim bathrwm na sinc, a dim ond un tap dŵr. Ry'n ni wedi gwella lot arno fe ond yn dal heb orffen.'

Yn y tŷ mae'n hawdd anghofio eich bod chi yn Iwerddon ac nid ar hen dŷ ffarm yng Nghymru. Mae 'Cofio' Waldo wedi ei fframio ar y wal, ynghyd â llun Salem. Mae'r llun gan Curnow Vosper yn golygu mwy na sentiment yr alltud i Siân, gan iddi gymryd rhan mewn gwasanaethau yn y capel yng Nghefn Cymerau ger Harlech: pan fyddai ei thad, y Parchedig James Dole, yn pregethu yno byddai'n gofyn i Siân wneud y darlleniad. Fel llawer o blant gweinidogion cafodd Siân fagwraeth grwydrol. Fe'i ganwyd yn Harlech a bu'n byw yn America, Maesteg a Llwynhendy cyn mynychu Coleg y Drindod, Caerfyrddin, a mynd yn athrawes ym Mhen-bre lle cwrddodd â Dai.

'Doedd dim swydd gyda ni pan gyrhaeddon ni yma. Wedyn fe gafodd Dai waith mewn chwarel, gwaith ofnadw o frwnt. Roedden ni'n twymo bwceidi o ddŵr er mwyn iddo fe gael bath ar ôl dod gartre. Wedyn fe gefais i waith am dri diwrnod yr wythnos yn dysgu plant dan anfantais, sydd wedi codi i bum diwrnod erbyn heddi. Bu Dai yn gweithio wedyn ar beiriannau adeiladu, a wedyn

fe ddechreuodd e'r busnes teilsio a gwneud lloriau pren.
Ond bu rhaid iddo fe roi'r gorau i hynny o achos arthritis
a nawr mae e'n ôl ar y peiriannau.'

Bron yr unig weithgaredd yn y pentref nad oedd Siân
a Dai yn rhan ohono oedd y bywyd crefyddol. Ond
bellach mae Rhian Haf newydd dderbyn ei chymun
cyntaf yn yr eglwys Gatholig. Ond mae'n ymwybodol
iawn o'i Chymreictod: mae Siân yn siarad Cymraeg â hi
drwy'r adeg, a Rhian yn deall y cyfan ac yn ateb mewn
Saesneg gydag acen Wyddelig. Mae llyfrau fel Sali Mali a
Smot y Ci o gwmpas y tŷ. 'O leia mae'r iaith gyda hi, ac
os byth y bydd hi'n byw yng Nghymru fe ddaw hi'n
rhugl,' medd Siân.

Roedd yn rhaid galw eto i weld Noel Duignan, sydd
wrth wraidd llawer o fywiogrwydd y pentref. Yn gyntaf
cefais sgwrs â'i fam, oedd yn brysur yn y siop sy'n rhan
o'r dafarn. Mae'r siop yn llawer mwy nag oedd hi yn
1994, er mai cwyno braidd am y busnes yr oedd Mrs
Duignan. Doedd y ffordd osgoi a agorwyd yn ddiweddar,
sy'n golygu nad yw'r briffordd rhwng Dulyn a Sligo
bellach yn mynd heibio'r drws, ddim yn help.

'Ers talwm mi fyddai pobol yn galw heibio am baned
neu beint o Guinness ac yn siopa ar yr un pryd, ond
heddiw mae llawer ohonyn nhw'n mynd i brynu yn y
siopau mawr yn Carrick ar hyd y ffordd osgoi, a fyddwn
ni byth yn eu gweld nhw,' meddai.

Er bod y busnes yn fwy na chant oed, dim ond y
drydedd genhedlaeth i'w redeg yw Gabriel a Noel.
Dechreuwyd y cyfan gan eu taid a'u nain yn y 1890au,
gan fantieisio ar yr afon a'r gamlas i gludo nwyddau o
gyn belled â Dulyn a Limerick cyn dyfodiad y rheilffordd.
Roedd yn siop-pob-dim yn nhraddodiad gorau
Iwerddon, gan gynnwys tuniau paent, siwgr, rhawiau,
siwgr, pysgod wedi eu halltu, modrwyau moch, tegellau,
sosbenni a sawl peth arall, yn gymysg a'r peintiau
Guinness.

Mae tŷ bwyta sy'n rhan o'r dafarn hefyd wedi ehangu
er pan oeddwn i yma ddiwethaf. A hynny, yn ôl Noel,
sy'n cadw'r busnes i fynd.

'Mae'r lle bwyta a'r dafarn yn helpu'r naill a'r llall.

Mrs Duignan

Dyma pam mai ni yw'r unig dafarn amser llawn yn y pentref.'

Roedd gwahardd ysmygu a gorfodi'r gyfraith yfed a gyrru wedi gwneud pethau'n anodd i dafarnau. Un ffactor arall, meddai, oedd bod y genhedlaeth ifanc ariannog wedi newid eu ffordd o fyw.

'Mae'r rhai ifanc sy'n priodi yn lluchio arian ar eu tai, ac yn cystadlu â'i gilydd. Barbeciw yn tŷ ni heno, tŷ chi nos fory. Maen nhw'n mynnu cael ceir mwy a chyflymach, sy'n golygu fod mwy a mwy yn cael eu lladd ar y ffyrdd er gwaetha'r rheolau yfed a gyrru. Mae arian wedi mynd i'w pennau nhw.'

Wrth i'r twf economaidd arafu, roedd Noel yn gweld problemau ar y gorwel.

'Rwy'n poeni am y genhedlaeth ifanc,' meddai. 'Wn i ddim sut byddan nhw'n ymdopi os daw'r dyddiau blin yn ôl. Mae'r raddfa hunanladdiad ymhlith yr ifanc yn erchyll yn barod, ac fe all fynd yn waeth. Falle nad ydyn ni'n wrandawyr digon da. Ac eto mae'n rhaid inni fod yn falch o'r gwelliant diweddar yn yr economi. Mae wedi rhoi gwell chwarae teg i bawb. Rydw i'n optimist ac yn besimist ar yr un pryd.'

Mae Drumsna wedi gefeillio â phentref o'r enw Dromara yng Ngogledd Iwerddon, fel rhan o gynllun a gafodd nawdd Ewropeaidd i ddod a chymunedau ar ddwy ochr y ffin yn nes at ei gilydd. 'Mae'n bentref ar lan afon Lagan yng nghanol Swydd Down sy'n ddigon tebyg i Drumsna mewn llawer ffordd, ond bod 85 y cant o'r boblogaeth yn Unoliaethwyr,' medd Noel. 'Fe gawson ni groeso rhyfeddol y tro cynta i ni fynd yno, ac mae nhwythau wedi mwynhau dod i lawr aton ni. Er mai dim ond ugain milltir o'r ffin ydyn nhw, roedd un wraig yn eu plith heb fod yn y Weriniaeth ond dwywaith yn ei bywyd. Roedd hi'n synnu'n bod ni'n bobol normal! Rydyn ni wedi bod yn mynd i sioeau'r naill a'r llall a dysgu llawer am ein gilydd, ac wedi gwneud ffrindiau ardderchog. 'Rhwydweithio' maen nhw'n galw'r peth, ac mae'n rhyfeddol nad oedd unrhyw gymysgu fel hyn yn digwydd o'r blaen.' Penderfynais y byddai'n ddiddorol galw yn Drumara ar fy nhaith yn y gogledd, a chefais rif ffôn un o'r trefnwyr gan Noel. Ond yn gyntaf byddai'n rhaid cael golwg ar y map.

Roedd fy nghysylltiadau Gwyddelig yn ymestyn fel gwe pry cop i rannau newydd o'r wlad.

Pegwn y Gogledd

Roeddwn i'n adyn unig unwaith eto ac, am y tro cyntaf ar y daith, yn dechrau teimlo braidd yn flinedig a hunan dosturiol. Doedd gen i chwaith ddim cynllun ar gyfer y dyddiau nesaf. Un posibilrwydd oedd ymweld â thafarn yn unigeddau Donegal sy'n cael ei chadw gan Leo Brennan, tad Enya a grwp enwog Clannad, lle'r oedden ni wedi ffilmio yn ystod 'Pedwar Cae'. Y drafferth oedd nad oeddwn i'n cofio lle'r oedd hi. A hwyrach ei bod hi'n rhy fuan i dreulio noson arall mewn tafarn a finnau ond newydd adael Drumsna.

Cyn pen dim roeddwn i yn Sligo, tref dipyn mwy na'r darlun oedd gen i yn fy meddwl ar ôl fy unig ymweliad blaenorol yn y saithdegau.

Penderfynais gael golwg sydyn ar y dref, a gadael fy nghar mewn maes parcio yn agos i'r canol. Roeddwn wedi parcio yn agos at gerflun o ŵr a gwraig a phlentyn mewn cylch yn cofleidio'i gilydd. Cofeb oedd hwn i ddioddefwyr y Newyn Mawr, lle'r oedd Sligo yn un o'r ardaloedd a ddioddefodd fwyaf. Wrth droed y cerflun roedd plac yn dyfynnu llythyr a anfonwyd yn 1810 gan ddyn lleol at ei fab yn America yn ymbil am help: 'I am now alone in the world, all my brothers and sisters are dead and all children but yourself... We are all ejected out of Lord Ardilaun's ground. The times was so bad and Ireland in such a state of poverty that no person could pay rent...'

Rhwng 1847 a 1851, fe adawodd mwy na 30,000 o drueiniaid trwy borthladd Sligo. Ym mlynyddoedd y newyn amcangyfrifir fod miliwn o bobol wedi marw yn Iwerddon a miliwn arall wedi ymfudo, llawer ar yn 'coffin ships' hunllefus ar draws Môr Iwerydd. A byddai llongau oedd yn cludo glo o Gymru i borthladdoedd Iwerddon yn cario pobol newynog yn ddi-dâl fel balast ar y fordaith yn ôl: 'Captains find it cheaper to ship and unship this living ballast than one of lime and shingle', cofnododd un swyddog cwmni llongau o Gaerdydd.

Bedd Yeats

Yr unig gof oedd gen i am fy ymweliad diwethaf oedd ymweld â bedd W. B. Yeats. Doedd gen i ddim syniad ymhle'r oedd o, a phan welais adeilad brics coch, Fictorianaidd oedd yn gartref i'r Yeats County Museum, ac es yno i holi. Y tu mewn, roedd y lle'n debycach i swyddfa talu'r dreth nag i goffadwriaeth un o feirdd mawr y byd. Nid rhyw ailgreu clywedol modern sydd yma, ond casgliad diddorol o luniau, llythyrau a gwahanol ddog-fennau sy'n dangos cysylltiad y bardd a'r dref. Ac nid pob amgueddfa fechan sy'n gallu arddangos Medal Nobel am Lenyddiaeth.

Cefais fap yn dangos lleoliad y bedd, mewn pentref o'r enw Drumcliffe ar y ffordd tua'r gogledd. Roeddwn yn gwybod fy mod yn nesu ato wrth i'r enw Yeats ddechrau ymddangos ar arwyddion gwestai a thai bwyta. Mae'r fynwent ger prif fynedfa eglwys yng nghysgod Ben Bulben, lwmpyn o fynydd to fflat sy'n un o symbolau mwyaf cyfarwydd Iwerddon. Ar garreg fedd y bardd mae'r dyfyniad enwog allan o'i gerdd 'Under Ben Bulben,

> 'Cast a cold Eye
> On Life, on Death.
> Horseman pass by.'

Dymuniad Yeats oedd cael ei gladdu ar y mynydd ac i'w gorff gael ei symud yn ddiweddarach i wastadeddau Sligo. Bu farw yn 1939, ac yn 1948 fe'i claddwyd ym mynwent yr eglwys lle bu ei hen, hen daid unwaith yn rheithor. Protestant oedd Yeats, ac eglwys Brotestanaidd sydd yma. Fel cynifer o eglwysi Cymru, mae'r waliau oddi mewn yn llawn cofebau i bobol leol a gollodd eu bywydau yn y Rhyfel Byd Cyntaf. 'He served his King and Country with credit and honour.' Mae aml i Jones a Williams yn eu plith, gan beri i rywun ddyfalu a oedd ganddyn nhw gysylltiadau morwrol â Chymru. Ac er mai Protestaniaid oedd llawer o brif Weriniaethwyr Iwerddon dros y canrifoedd, mae'n dal yn od gweld lladmerydd mwyaf huawdl gwrthryfelwyr 1916 wedi ei gladdu mewn mynwent eglwys mor imperialaidd ei naws.

Y dref nesaf imi ddod iddi oedd Bundoran, tref glan môr sydd o fewn ychydig filltiroedd i'r ffin gyda Gogledd Iwerddon. Hwyrach nad yw hynny mor berthnasol heddiw, ond roedd yn bwysig iawn yr unig dro imi fod yma o'r blaen, yn 1972. Y tro hwnnw roedd plant wrth y stondinau saethu yn y ffeiriau pleser yn gwisgo bathodynnau'r IRA, ac roeddech chi'n cael yr argraff fod hyn yn fwy o brentisiaeth nag o chwarae cowbois. Roedd y terfysgoedd yn y Gogledd ar eu gwaethaf, a chawsom fod hanner poblogaeth Bundoran ar ffo, a'r hanner arall yn honni bod ar ffo.

Rhyw olwg tebyg i'r Rhyl wedi dirywiad y Marine Lake oeddwn i'n ei weld ar Bundoran. Arhosais wrth beiriant twll-yn- y-wal, a cherdded ychydig ar hyd y brif stryd. Roedd hi'n edrych yn llawer mwy tlodaidd na'r tro cynt, efo llawer o neuaddau bingo ac arcedau hapchwarae wedi cau, naill ai am y gaeaf neu am byth. Bron nad oedd y dref yn ymhyfrydu yn ei delwedd Gorllewin Gwyllt, gyda'i Boot Leggers Saloon a'i Chasing Bull Nightclub.

Donegal
Roedd golwg dipyn mwy graenus ar dref Donegal. Er ei bod o'r un enw â'r sir, tref fechan ydi hi, efo poblogaeth o ryw ddwy fil, traean yr hyn sy'n byw yn Letterkenny ymhellach i'r gogledd. Roedd yr acenion gogleddol o'm cwmpas yn wahanol iawn i bopeth yr oeddwn wedi eu clywed ar fy nhaith hyd yma. I'm clust anghyfarwydd i, doedd goslefau pobol Donegal ddim yn wahanol iawn i rai Ian Paisley neu Gerry Adams.

Roedd mam ifanc yn cerdded ar hyd y stryd gan gario merch fach angylaidd ar ei braich a cheisio cadw'i brawd anystywallt rhag rhedeg o'i golwg. Ei henw oedd Cian, ac yn wahanol i'r un sy'n cael ei goffáu yn Llangian yn Lŷn,

doedd y Cian yma ddim yn sant. Mynnai chwarae mig â'i
fam a'i chwaer o gornel stryd neu ddrws siop gan roi
mwy a mwy o dreth ar amynedd ei fam. Y rheswm fy
mod yn cofio'r digwyddiad yw bod y gyflafan i gyd yn
digwydd yn yr iaith Wyddeleg. I mi roedd hwn yn
ddigwyddiad prin a chalonogol. Ac eto roedd arna i
gywilydd braidd 'mod i'n synnu, fel ambell ymwelydd
nawddoglyd â Phen Llŷn sy'n rhyfeddu fod plant bach yn
medru siarad Cymraeg.

Mewn cas gwydr wrth ddrws ym mhrif sgwâr y dref,
roedd tudalen flaen rhifyn mis Medi o bapur newydd *The
Donegal Democrat – Donegal's Community Paper.* Y prif
bennawd oedd 'Is Donegal Town going forward – or
backward?' Doedd dim byd i ddangos ai yma'r oedd
swyddfa'r papur, ac es i mewn i holi. O fy mlaen roedd
grisiau, a gwraig yn hwfro gan gadarnhau fy amheuon fy
mod yn trespasu mewn tŷ preifat. Diffoddodd y peiriant
yn ddigon hir i gadarnhau fy mod yn y lle iawn, a'm
cyfeirio at ddrws ar ben y grisiau. Yno'r oedd dwy wraig
yn ddiwyd wrth eu cyfrifiaduron yn cynhyrchu'r rhifyn
nesaf. Soniais wrthyn nhw am y rhwydwaith papurau bro
yng Nghymru, sy'n cael eu cynhyrchu gan wirfoddolwyr.
Doedden nhw ddim wedi eu sarhau gan y gymhariaeth,
ond pwysleisiodd y ddwy eu bod nhw'n cael cyflog am
eu gwaith. Yn ogystal â'r gwerthiant lleol roedden nhw'n
anfon tri chant o gopiau bob mis dros y môr, i bobol â'u
gwreiddiau yn yr ardal.

Gofynnais oedden nhw'n credu fod Donegal ar i fyny
neu ar i lawr. Yn hytrach na mynegi barn yn y fan a'r lle,
rhoesant gopi o'r papur imi yn rhad ac am ddim, gan fy
ngwahodd i anfon llythyr yn mynegi fy marn i am y dref
ar ôl cyrraedd adref.

Sail yr erthygl, oedd colofn mewn rhifyn blaenorol
oedd yn holi 'Is Donegal progressing – or regressing?' Ym
marn naw o bob deg o'r darllenwyr, yr ail ddewis oedd yn
rhoi'r darlun cywir. Cloriannwyd perfformiad y cyngor
lleol ac asiantaethau llywodraeth a'u cael yn brin. Er bod
hyn yn cael ei ddehongli fel condemniad, o ddarllen yr
erthygl roeddwn i'n amau a fyddai unrhyw gyngor neu
asiantaeth yng Nghymru wedi cael adroddiad gwell gan
eu trethdalwyr.

Un nodwedd Wyddelig yw bod pwynt mwyaf gogleddol yr ynys wedi ei leoli yn y de – hynny yw, yn y Weriniaeth. Mae'r pegwn hwnnw, Malin Head, ar benrhyn Inishowen, lle buom yn ffilmio yn ystod 'Pedwar Cae' gyda Richard Owen, y gyrrwr bws o Ynys Môn. Yn niffyg unrhyw gynllun arall, penderfynais anelu i'r cyfeiriad hwnnw, a cholli fy ffordd yn lân mewn traffig trwm yn nhref Letterkenny.

Roedd Richard yn gweithio i gwmni yn Nulyn oedd mynd ag ymwelwyr o gwmpas y wlad, ac wedi dod yn gyfarwydd â phob rhan o Iwerddon. Y tro hwnnw roedden ni wedi aros yng ngwesty MacNamara yn Movill, tref glan môr fechan ar benrhyn Inishowen. Dyna lle'r oeddwn i'n anelu y tro hwn, ond ar ôl cyrraedd cefais ar ddeall bod y lle wedi cau ers blynyddoedd. Roedd hi'n tywyllu ac yn glawio'n drwm, ac am y tro cyntaf yn ystod fy nhaith roedd fy mherthynas ag Iwerddon o dan dipyn o straen.

Gwaethygodd pethau ar ôl i wraig wrth y dderbynfa mewn gwesty arall archwilio'i chyfrifiadur am hydoedd cyn dod i'r casgliad nad oedd ganddi le imi oherwydd bod y stafelloedd yn cael eu peintio. Anfonodd honno fi i ryw 'wee B and B' oedd ag arwydd 'Failte', sef croeso, mawr o'i flaen a hwnnw'n gelwydd i gyd. 'Yes?' meddai dyn blin wrth y drws a phan ofynnais am stafell sengl dywedodd nad oedd ganddo ond rhai dwbl. Am wn i nad oedd o'n disgwyl imi dalu dwbl y pris, ond o'r ddau byddai'n well gen i gysgu yn nhrwmbal y Volvo. Roeddwn i'n ofni mai i hynny deuai hi, wrth imi yrru'n ddibwrpas yn ôl tua'r de a'r glaw yn trymhau. Ond gwelais arwydd 'Failte' arall y tu allan i fyngalo newydd, a'r tro hwn roedd yn un cwbl haeddiannol. Dywedodd y wraig siriol a ddaeth i'r drws mai dim ond y fi fyddai'n aros yno, ac y cawn yr ystafell orau yn y tŷ.

Mrs MacLaughlin oedd ei henw. Roedd wedi bod yn ystyried ymddeol ond roedd ganddi ormod o ffrindiau ffyddlon yn dod yn ôl i aros flwyddyn ar ôl blwyddyn.

'Dwi wedi bod yn gwneud gwely a brecwast am 37 o flynyddoedd ac mae'n siŵr ei bod hi'n bryd imi roi'r gorau iddi. Ond dwi wrth fy modd yn cyfarfod pobol, mae hyn yn fwy na gwaith, mae'n ffordd o fyw.'

Penderfynais y byddwn i'n anfon nodyn i'r Bwrdd Croeso yn canmol Mrs Mac i'r cymylau ac yn gofyn iddyn nhw ddiarddel yr hen surbwchyn a wrthododd le imi oddi ar eu llyfrau.

Croesi'r ffin

O'r cof oedd gen i am Malin Head y tro o'r blaen, yr unig reswm da dros fynd yno oedd er mwyn cael dweud eich bod chi wedi bod. Welais i ddim byd yno y tro hwnnw ond bysus dirifedi yn dadlwytho ymwelwyr a'r rheini'n tynnu lluniau hen dŵr Martello digon hyll, i'w dangos i'w cymdogion ar ôl mynd adref. Yng nghynghrair y pegynnau roedd yn perthyn yn nes i John O'Groats, sydd heb unrhyw swyn ar wahân i'w leoliad, nag i Dún Chaoin neu Uwchmynydd efo'u hudoliaeth gorllewinol. Roedd Mrs McLauchlin yn rhyfeddu fy mod yn gwastraffu amser i ymweld â'r fath le, ond rhoddodd gyfarwyddyd ar sut i gyrraedd yno ar hyd ffyrdd culion canol yn penrhyn, O fewn hanner awr gwelais arwydd 'The most northerly B&B in Ireland'. Hwyrach mai yno y dylwn fod wedi aros noson.

Ond wrth nesu ato y tro hwn dechreuais sylweddoli fy mod wedi gwneud cam â'r lle. Roedd hi'n niwlog pan oeddwn i yno yn 1994, ond y tro yma roedd haul yn mynd a dod rhwng y cymylau gan roi gwedd llawer mwy dramatig i'r clogwyni o gwmpas.

Llwyddais i ganfod y trac sy'n dringo at y tŵr Martello, ac er bod y tŵr ei hun cyn hylled ag erioed, roedd yn werth mynd yno oherwydd y golygfeydd, Maen nhw'n dweud y bydd ynysoedd gorllewin yr Alban i'w gweld yn glir ar ddiwrnod braf.

Amcan gwreiddiol y tŵr, sy'n un o rwydwaith debyg o gwmpas arfordir Iwerddon, oedd amddiffyn yr Ymerodraeth Brydeinig rhag Napoleon. Daeth wedyn yn orsaf signal ar gyfer llongau, ac yn ystod yr Ail Ryfel Byd – yr 'Emergency' – bu byddin Iwerddon yn ei ddefnyddio i warchod niwtraliaeth y wlad.

Fel y rhan fwyaf o bobol, wrth wrando ar ragolygon y tywydd y clywais yr enw Malin Head gyntaf. Ac ar fy ffordd i lawr o'r tŵr gwelais yr union sefydliad a roddodd y lle ar y map: adeilad isel gyda tho fflat, mast uchel wrth ei ochr, offer mesur haul a gwynt a glaw yn yr ardd, ac

Gorsaf dywydd Malin Head

Pobol y tywydd

arwydd Met Eireann ar y giât. Heb unrhyw drefniant ymlaen llaw, curais ar y drws gan lawn ddisgwyl cyfarfod gwas sifil na feiddiai siarad â newyddiadurwr heb ganiatâd ffurfiol rhyw swyddog PR pellennig.

Ond na, daeth dyn croes-awgar, di-lol i'r drws. a phan ofynnais a allai fforddio pum munud o'i amser i sgwrsio am y tywydd, gwahoddodd fi i mewn am baned o de, heb sôn gair am 'fynd trwy'r sianeli priodol'. Ei enw oedd Martin Haran, pennaeth yr orsaf, a chyflwynodd fi i'w gynorthwy-ydd, merch ifanc o'r enw Ruth Coughlan. Nhw'll dau oedd wrth eu gwaith allan o staff o chwech a fyddai'n cynnal yr orsaf am 24 awr y dydd bob diwrnod o'r flwyddyn. Unwaith bob awr roedden nhw'n mesur y pwysedd a'r tymheredd, cyflymder a chyfeiriad y gwynt, cyflwr y môr a llu o bethau eraill, gan anfon yr wybodaeth i'r brif swyddfa yn Nulyn. Byddai hwnnw'n cael ei fwydo i ryw fodel cyfrfiadurol ar gyfer proffwydi'r tywydd, a hefyd i rwydweithiau Ewropeaidd. Roedd yr ymwyb-yddiaeth ddiweddar o faterion amgylcheddol wedi dod a dyletswyddau newydd, fel dadansoddiadau cemegol o'r aer a'r glaw.

Rhai o Ddulyn oedd Martin a Ruth yn wreiddiol, ac roedd unigedd Malin Head yn dipyn o newid. 'Dwi'n dal i deimlo fel twrist yma,' meddai Ruth, oedd â graddau mewn daearyddiaeth a meteoroleg. 'Dwi wrth fy modd efo'r gwaith.'

A sut dywydd oedd Malin Head wedi ei gael yn 2007? Edrychodd Martin trwy'r cofnodion a datgelu mai Ebrill y flwyddyn honnno oedd y cynhesaf er pan ddechreuwyd cadw record yn 1900, ond mai Malin Head a gafodd leiaf o haul yn Iwerddon gyfan yn ystod mis Awst. Gofynnais a oedd yn gweld unrhyw newid hinsawdd a allai fod yn arwydd o gynhesu byd-eang. Fel gwyddonydd roedd yn rhy ddiplomataidd i fynegi barn. Dim ond amser allai ateb y cwestiwn hwnnw meddai.

Deri

Fy unig gynllun am weddill y diwrnod oedd cyrraedd Belfast cyn nos. Y dref olaf imi ddod iddi cyn croesi'r ffin oedd Buncrana, a welodd lawer o gyffro ym mlynyddoedd yr helbulon yn y Gogledd. Bu Alwena a finnau'n aros yn Buncrana yn 1972, y tro cyntaf iddi hi ddod i Iwerddon. Roedd ei rhieni'n darllen y *Daily Express*, oedd yn rhoi'r argraff fod y wlad gyfan fel maes y Somme, ac roedden ni wedi eu sicrhau na fydden ni'n mentro dros y ffin. Cadwyd yr addewid, ond cael a chael oedd hi. Mewn tafarn yn Buncrana gofynnodd criw o ddynion ifanc pa iaith oedden ni'n ei siarad. Fel rhai oedd yn dysgu Gwyddeleg roedd ganddyn nhw ddiddordeb mawr yn y Gymraeg. O dipyn i beth cawsom glywed eu hanes. Fis ynghynt roedden nhw wedi ffoi dros y ffin o Deri, pan aeth lluoedd Prydeinig i mewn i'r hyn oedd yn cael ei alw'n 'Free Derry', mewn cyrch o'r enw Operation Motorman, ac roeddent yn byw yn y mynyddoedd uwchben Buncrana. Roedden nhw'n gefnogwyr i'r IRA Swyddogol, y garfan Farcsaidd yr oedd y Provisionals wedi ymrannu oddi wrthi.

Roedden nhw'n awyddus i fynd â ni i Derry, i wylio'r ddefod nosweithiol lle byddai gweriniaethwyr yn lluchio cerrig at filwyr Prydeinig, a'r rheini'n ymateb gyda bwledi rwber. 'You can sit in the pub and watch the riots!' Gwrthod wnaethon ni, gan gofio'n haddewid cyn dechrau'r daith. 'Would you like a rubber bullet?' gofynnodd un, a doedden ni ddim eisiau swnio'n anniolchgar. Diflannodd y dyn ifanc, a dychwelyd cyn hir efo chwe modfedd o rwber du, caled, ffalig. 'Mi fydd hon yn werth arian ryw ddydd,' meddai. Mae'r anrheg yn dal yn ein meddiant, ond wnaethon ni erioed holi am ei bris.

Yr unig dro imi groesi'r ffin o'r cyfeiriad hwn o'r blaen, roedden ni'n ymwybodol iawn ein bod ar ein ffordd i fyd gwahanol gan fod milwyr arfog yn atal pawb, rhu hofrennydd uwch ein pennau, a thŵr gwylwyr yn amlwg ar fryn cyfagos. Roedd y criw camera ar fws Richard Owen, a phan welsom arwyddion yn dweud 'No photography without prior permission' roedd yn rhai gwneud penderfyniad sydyn. Pe baem yn gofyn caniatâd a chael ein gwrthod, fyddai ganddon ni ddim lluniau. Roedden ni'n dal ein gwynt wrth i ddau filwr ifanc iawn gynnal sgwrs ddigon cellweirus yr olwg efo Richard, heb sylwi fod y camera'n troi o fewn troeddfeddi i'w trwynau.

Heddiw mae'r tyrau gwylio wedi eu chwalu a does dim byd i nodi bodolaeth un o gloddiau terfyn mwyaf helbulus y byd. Sylweddolais fod yr Wyddeleg wedi diflannu oddi ar arwyddion ffyrdd, a bod y pellteroedd mewn milltiroedd a phrisiau petrol mewn punnoedd. Yn dechnegol roeddwn i yn ôl yn fy ngwlad fy hun.

Un o broblemau mwyaf newyddiadurwyr sy'n ceisio bod yn ddiduedd yw beth i alw'r ddinas hon – Derry y cenedlaetholwyr neu Londonderry yr Unoliaethwyr. Rwy'n cofio siarad â golygydd newyddion cwmni UTV a fu'n ceisio esbonio'r drefn – Londonderry y tro cyntaf ac wedyn bob yn ail, os cofiaf yn iawn. Yn Gymraeg mi fyddwn i'n dadlau bod hawl i ddefnyddio Deri gan mai dyna'r union ystyr – clwstwr o goed derw.

Doedd gen i ddim amser i loetran yma, ond roeddwn i'n falch imi droi i mewn i'r Tower Museum, un o'r amgueddfeydd mwyaf trawiadol imi fod ynddi erioed. Tawel oedd hi yma heddiw. Am yr eildro yn ystod fy nhaith, cefais sinema gyfan i mi fy hun, i wylio ffilm gynhwysfawr yn ceisio cyflwyno hanes y ddinas ranedig heb ochri â neb.

Giant's Causeway a Carrickfergus

Dilynais arfordir Antrim i gyfeiriad y Giant's Causeway, nad oeddwn erioed wedi ei weld o'r blaen. Roedd hwn yn dir amaethyddol graenus iawn, a baneri Jac yr Undeb a

Llaw Goch Ulster yn dangos ymhle'r oedd teyrngarwch trefi fel Coleraine.

Mae'r Causeway, sy'n un o Safleoedd Treftadaeth y Byd, yn cael ei warchod yn ofalus. Yr unig ffordd i fynd ato yw parcio am bumpunt yn ymyl y ganolfan ddehongli, a dal bws neu gerdded i lawr rhiw gweddol serth. Cerdded wnes i, a chenfigennu wrth bobol ifanc oedd yn gwibio heibio ar eu byrddau sglefrio. Pan ddaeth y Causeway i'r golwg gyntaf, roedd yn llai o faint nag oeddwn i wedi ei ddisgwyl. Dim ond ar ôl mynd yn agos ato y mae rhywun yn llawn werthfawrogi rhyfeddod y pileri crynion a ddisgrifiwyd fel miloedd o gyrcs poteli gwin wedi eu gwasgu'n dynn at ei gilydd. Roedd ymwelwyr yma wrth y cannoedd, a hynny yn hwyr y prynhawn ar nawfed o Hydref.

Erbyn imi gyrraedd Belfast roedd yn dechrau tywyllu, a doedd gen i unman i aros. Dim ond teirgwaith yr oeddwn wedi bod yn y ddinas o'r blaen, a hynny flynyddoedd ynghynt. Roeddwn i ar goll, yn gyrru mewn cylchoedd yn y gobaith ofer o weld gwesty oedd yn edrych yn rhesymol ei bris. Tybed oes yna lai o westai yn Belfast nag mewn dinasoedd eraill o'r un maint, gan na fyddai llawer o dwristiaid yn cael eu denu yno yn ystod y terfysgoedd?

Yn y diwedd penderfynais ddilyn arwyddion Carrickfergus, ar hyd yr arfordir i'r gogledd. Roeddwn i'n gwybod ei bod yn dref glan môr ac wedi rhoi ei henw i gân brydferth. Rhaid bod yno westy neu ddau.

Fy argraff gyntaf oedd ei bod hi'n dref o ddau hanner. Ar ochr y môr a'r castell, oedd bron o'r golwg mewn sgaffaldau, roedd marina a thai moethus yr olwg. Ymhellach i'r tir, doedd pethau ddim mor llewyrchus. Ac roedd baneri a graffiti coch, gwyn a glas yn atgoffa rhywun mai yma y glaniodd y brenin William of Orange yn 1690 cyn ei frwydr enwog sy'n cael ei dathlu bob Gorffennaf 12, a bod ei ysbryd yn dal yn y tir.

Roedd pob gwesty yn llawn, ond dywedodd gwraig mewn tŷ gwely a brecwast fod ganddyn nhw apartment preifat efo lle imi gysgu, ac y cawn ddod i'r tŷ i gael brecwast. Arweiniodd fi i floc oedd newydd ei

Fy nghyfaill Billy

foderneiddio, a dangosodd sut i weithio dyfais electroneg
i agor a cau giatiau'r maes parcio: doedd hi ddim yn
ddiogel parcio ar y stryd. Cyflwynodd fi i'r unig
breswylydd arall, cwningen ddof, braidd yn dew, o'r enw
Billy, oedd yn cael penrhyddid i grwydro wrth ei bwysau
o stafell i stafell. Mae'n anodd dianc, yng Ngogledd
Iwerddon, rhag yr arfer cas o chwilio am gliwiau ynglŷn
â theyrngarwch gwleidyddol. Ar ôl pwy, tybed, yr oedd
Billy wedi ei enwi?

Bore drannoeth cefais 'full Ulster breakfast', oedd yn
union yr un fath â'r Full Irish yr oeddwn wedi byw arno
ers pythefnos yn y Weriniaeth. Ar fy ffordd yn ôl at fy
nghar edrychais yn ffenest swyddfa'r *Carrickfergus
Advertiser*. Prif bennawd yr wythnos oedd 'Man felt ear
ripping off', oedd yn gwneud imi feddwl fy mod adref yn
darllen y *Daily Post*. Roedd stori hefyd am ffrwgwd arfog
rhwng carfanau Unoliaethol. Dyma gadarnhau fy argraff
nad oedd hon yn dref i'r gwangalon. Ond fedrech chi
ddim dymuno cael lletywyr mwy croesawgar na Billy a'i
berchnogion.

Belfast

Yn Ionawr 1986 y bûm i yn Belfast gyntaf, a gaeafol ydi'r atgofion. Roedd haen o eira dros y ddinas, y gwynt yn brathu, milwyr a cherbydau arfog ym mhobman, giatiau ar draws y prif strydoedd, a'r cyfan yn adlewyrchu ysbryd y faner 'Belfast Says No' oedd yn cyhwfan ar draws prif fynedfa Neuadd y Ddinas. Doedd y gyrrwr tacsi aeth â fi o'r maes awyr i ganolfan y BBC ddim yn help i'r nerfau. Heb i mi ofyn, dywedodd bod rhywun yn dod i arfer â sŵn ambell ergyd neu ffrwydrad, a bod bywyd yn mynd yn ei flaen fel yn unrhyw ddinas arall. Dim ond unwaith yr oedd o wedi cael braw go iawn, a hynny pan fownsiodd bom petrol ar do ei dacsi. Roedd clywed hynny'n galondid mawr.

Yno ar ran Radio Cymru yr oeddwn i, i adrodd ar y digwyddiad a fedyddiwyd yn etholiad cyffredinol mini. Roedd pob un o ASau Unoliaethol y dalaith wedi ymddiswyddo mewn protest yn erbyn y Cytundeb Eingl Wyddelig, oedd wedi ei arwyddo ddeufis ynghynt. Byddai pymtheg isetholiad oedd yn cael eu cynnal ar yr un diwrnod yn troi'n refferendwm ar y cytundeb.

Doedd fy nghyfraniad i tuag at ddehongli'r sefyllfa trwy lygad Cymreig ddim yn un sylweddol, gan na welais fawr ddim y tu allan i waliau ystafell newyddion y BBC, lle'r oedd y drefn yn ddieithr a'r rhan fwyaf o'r newyddiadurwyr yn rhy brysur i gael eu poeni gan ohebydd dibwys o Radio Cymru. Y canlyniad oedd imi gael fy mwydo â'r wybodaeth ddiweddaraf gan gydweithwyr yng Nghaerdydd fel y cyrhaeddai yno ar y cyfrifiaduron, a finnau'n ei ailadrodd yn Gymraeg mor awdurdodol ag y gallwn.

Mor wahanol oedd y ddinas yn haul hydrefol 2007. Cyn gadael Carrickfergus, roeddwn wedi ffonio nifer o westai yn y ddinas, a chael fod pob un yn llawn. Roeddwn i'n dechrau ofni mai rhannu aelwyd efo Billy fyddai fy hanes unwaith eto, pan ddaeth ateb lled gadarnhaol o'r Marine House, Eglantine Avenue. 'Large, detached villa in its own grounds with parking at the side and back... within easy reach of the city centre', yn ôl y daflen hysbysebu. Dywedodd y perchennog fod un ystafell ar gael, y leiaf yn y tŷ, ar y llawr uchaf, ac y byddai'n rhaid imi gerdded i'r gwaelod i ymolchi neu ddefnyddio'r toilet. 'You'll not find anywhere else!' meddai. Derbyniais, gan ddweud y byddwn yn dod yno i barcio fy nghar ymhen hanner awr. Wnei di ddim byd o'r fath beth, meddai, mae gormod o bobol yn dod yma yn eu ceir a does gen i ddim lle i bawb. 'Ond mae'n dweud yn y llyfr...' Waeth heb a dadlau efo dynion o anian Basil Fawlty.

Ar ôl gyrru'r pymtheg milltir i ganol y ddinas, trois i mewn i faes parcio ger afon Lagan gan wybod y byddai'n costio crocbris am adael fy nghar yno trwy'r dydd. O'r llawr uchaf cefais gyfle i astudio daearyddiaeth y ddinas, gan sylwi'n arbennig ar y ddau graen enwog Samson a Goliath, sy'n hofran uwchben hen iard longau Harland and Wolff. Hwyliodd y llong olaf o'r iard yn 2003, ac mae'r craeniau bellach yn fwy o gofgolofnau na dim arall. Ond mae craeniau llai ym mhob cwr o'r ddinas ymhell o fod yn segur. I bob cyfeiriad bron mae'r gorwel yn cael ei ailwampio wrth i ddatblygiadau modern ddisodli gweddillion yr hen ddiwydiannau.

Wrth gyrraedd unrhyw le dieithr mi fydda i'n mynd ati i brynu papur newydd lleol, i gael syniad beth sy'n poeni'r trigolion. Yng Ngogledd Iwerddon byddai angen prynu o leiaf ddau er mwyn cytbwysedd, ond am y tro bodlonais ar gopi o'r *Newsletter* Protestannaidd. Y brif stori oedd fod Gweinidog Diwylliant Cynulliad Gogledd Iwerddon, Unoliaethwr o'r enw Edwin Poots, yn bwriadu torri addewid etholiad i gyflwyno deddf i roi hawliau i'r iaith Wyddeleg. Fyddai'r mesur ddim wedi llwyddo p'run bynnag, meddai'r adroddiad, gan y byddai mwyafrif Unoliaethol yn ei wrthwynebu.

Roedd golygyddol y papur yn croesawu penderfyniad MI5 i godi pencadlys newydd yn Holywood ar gyrion Belfast, ac yn llongyfarch yr heddlu am arestio aelodau o'r Continuity IRA y diwrnod cynt. Y ffaith fod cudd-swyddogion wedi treiddio i'w rhengoedd oedd un o'r prif resymau fod y Provos wedi cefnu ar yr Armalite, ym marn y Newsletter.

Allan o wyth llythyr at y golygydd, roedd pob un yn ymwneud â materion gwleidyddol, ac yn mynegi safbwynt Unoliaethol digyfaddawd. Roedd y prif lythyrwr, David Vance, yn cyhuddo plaid Paisley o fradychu ei chefnogwyr trwy dderbyn fod yr IRA wedi cael gwared ar eu harfau. Cyhuddai un arall y Dirprwy Ysgrifennydd Cyntaf, 'self confessed IRA commander Martin McGuinness', o gau ysgolion gwledig ac agor ysgolion Gwyddeleg. Roedd Betsy Campbell wrth ei bodd na fyddai Deddf yr Iaith Wyddeleg yn gweld golau ddydd. Ac roedd un cefnogwr rygbi yn ymhyfrydu mai Gogledd Iwerddon yw'r unig wlad yn y Deyrnas Unedig y mae Jac yr Undeb yn faner swyddogol iddi.

Beth bynnag oedd camweddau'r Unoliaethwyr drwy'r blynyddoedd, mae'n ymddangos mai nhw, bellach, sy'n teimlo eu bod o dan warchae.

Y Dyn Tacsi

Roeddwn wedi clywed fod yna deithiau i dwristiaid i weld rhai o safleoedd mwyaf erchyll yr Helbulon. Ond a oedd hyn yn wir? Un peth ydi tywys ymwelwyr i ffosydd Ypres neu draethau Normandi, sy'n perthyn i lyfrau hanes. Ond creu diwydiant allan o laddfa sydd mor fyw ym meddyliau'r dioddefwyr?

Holais yn betrusgar yn y Ganolfan Groeso yn Donegal Place. 'Tours of the Troubles? Of course!' meddai'r ferch tu ôl i'r cownter, gan roi taflen yn fy llaw. 'Mae 'na ddigon o ddewis yn hwn,' meddai.

Ac roedd hi'n iawn. Roedd yna deithiau 'hanesyddol' ar droed, teithiau bws oedd yn cynnwys 'Terror Tour', a nifer o deithiau mewn tacsis du. Ffoniais un o'r rhifau tacsi, a chael cyfarwyddyd gan ddyn o'r enw Pat i aros amdano wrth droed y Frenhines Fictoria o flaen Neuadd y Ddinas ymhen hanner awr. Byddai'r tacsi at fy ngwasanaeth am awr a hanner, am bumpunt ar hugain.

Tyfodd y tacsis du yn sefydliad hanfodol ym mlynyddoedd y gwrthdaro, pan nad oedd fawr o drefn ar wasanaeth bysus yn yr ardaloedd Pabyddol. Gyda llawer o'r gyrwyr yn gyn-garcharorion, caent eu gweld yn rhan o'r peirianwaith Gweriniaethol, a chafodd amryw o'r gyrwyr eu saethu wrth iddyn nhw grwydro o'u cadarnleoedd. Ar ôl i'r lladd ostegu yn sgil Cytundeb Gwener y Groglith yn 1998 y dechreuwyd troi'r tacsis du yn fusnes mwy ffurfiol, gan gynnwys y teithiau twristaidd i'r ardaloedd mwyaf helbulus.

Wnes i ddim holi Pat ynglŷn â'i orffennol, ond doedd ganddo ddim cywilydd o'i gefndir Gweriniaethol. Cyn bod y car wedi cychwyn bron, roedd wedi tynnu fy sylw at swyddfa heddlu fawr gan ddweud fod angen gwyliadwriaeth go fanwl yn y ddinas o hyd, oherwydd bod rhai grwpiau ar y ddwy ochr yn gwrthod derbyn fod y rhyfel ar ben. Y diwrnod hwnnw, meddai, roedd wedi clywed adroddiadau am 'ddyfais' ar y Lower Ormond Road.

Dyma droi'n sydyn tua gorllewin Belfast, sy'n cynnwys y Shankhill Protestannaidd a'r Falls Road Pabyddol. Mae pethau'n llawer tawelach yma erbyn hyn, meddai. Ond un peth sydd heb newid ydi fod y ddwy garfan yn dal i fyw yn hollol ar wahân. Byddai bron yn amhosib i chi ddod o hyd i deulu Pabyddol yn y Shankhill na theulu Protestannaidd yn y Falls, er bod y ddwy gymuned o fewn llathenni i'w gilydd. Roedd wal uchel – y 'Llinell Heddwch' – yn cadw'r carfanau rhag ymladd, ac er bod rhai pobol yn dyheu am ddiflaniad y wal fel cam pellach tuag at normaleiddio, roedd Pat o'r farn mai camu'n rhy fras fyddai hynny ar hyn o bryd.

Trodd am y Shankhill yn gyntaf ac aros, ar hap a damwain yn ôl pob golwg, wrth ymyl murlun Unoliaethol, a mynd ati i grynhoi mewn chwarter awr y dehongliad gweriniaethol o naw can mlynedd o wrthdaro. Gwraidd y cyfan, meddai, oedd presenoldeb Prydain ar dir Iwerddon a gwrthwynebiad y cenedl-aetholwyr neu weriniaethwyr i hynny.

Er nad oedd y llith yn newydd o ran ei chynnwys, roedd ei chlywed yn cael ei thraddodi gan yrrwr tacsi oedd â thipyn o ddawn y cyfarwydd yn brofiad diddorol. Er hynny roeddwn i'n dechrau teimlo fod pumpunt ar hugain yn dipyn o bris i'w dalu am aros yn fy unfan, ac roedd yn rhyddhad o fath pan aethon ni ymlaen i grombil y Shankhill. Yma, meddai Pat, yr oedd cadarnle'r UDA a'r UVF, y grwpiau Teyrngarol oedd yn gweld eu hunain yn amddiffynwyr y boblogaeth Brotestanaidd, ac yn gyfrifol am lofruddio llaweroedd o Babyddion diniwed. Doedd dim gwadu fod Protestaniaid diniwed hefyd wedi eu lladd, ond ar y cyfan doedd y mudiadau Gweriniaethol ddim mor sectyddol a'r ochr arall. Yr un peth na all neb ei wadu yw mai yma yn yr ardaloedd dosbarth gweithiol yr oedd y trais ar ei waethaf.'

Roedden ni erbyn hyn ynghanol y murluniau lliwgar sy'n addurno sawl talcen tŷ, ac a fu'n gefnlen i adroddiad teledu di-rif trwy flynyddoedd y terfysg. Gan bod gen i gamera am fy ngwddw, gofynnodd Pat oeddwn i eisiau tynnu lluniau. Tynnais lun y murlun agosaf, trwy ffenest y car. Doedd hynny ddim digon da, meddai, mi ddylwn fynd allan a chymryd fy amser i'w hastudio nhw, a thynnu lluniau'r rhai gorau. Fyddai neb o'r trigolion yn gwrthwynebu. Felly, gan adael fy nhacsi du Gweriniaethol ynghanol y cadarnle Unoliaethol, dyma gerdded o gwmpas ac edmygu artistwaith oedd yn

Y wal heddwch

dyrchafu Llaw Goch Ulster, Jac yr Undeb, Glasgow Rangers, Oliver Cromwell, William of Orange, yr UVF, yr UDA a charfanau na wyddwn am eu bodolaeth o'r blaen.

Roedd pawb oedd o gwmpas i'w gweld yn ddigon cyfeillgar ac yn hen gyfarwydd a thwristiaid busneslyd.

Aeth Pat â fi i weld y 'wal heddwch', y byddai wal ryfel yn well enw arni. Codwyd y waliau cyntaf yn y ddinas yn 1972, i gadw'r ddwy ochr rhag ymladd. 'Doedd neb yn meddwl y byddai eu hangen nhw am gymaint o amser â hyn, ond yma maen nhw,' meddai Pat. Yn y rhan a welais i mae'r wal o goncrit, metel a weiren bigog yn 25 troedfedd o uchder, a'r rhan isaf wedi eu haddurno efo lluniau a slogannau. Wedi imi fynd allan i dynnu llun, cefais orchymyn gan Pat i ychwanegu fy enw at y cannoedd oedd yno'n barod. Gwthiodd ffelt-tip i fy llaw, ac ar un panel concrit, rhwng Llaw Goch Ulster a'r Ulster Freedom Fighters 2nd Battalion, fe welwch yr enw Ioan, 10 Hydref, 2007.

Roedd y giât haearn fawr yn y wal yn agored, er ei bod hi'n cael ei chau yn y nos. Drwodd â ni i'r ochr Babyddol. Yn y Shankhill roedd y tai agosaf gryn bellter oddi wrth y wal. Yn y Falls roedden nhw bron yn ei chyffwrdd. Yng nghefn pob tŷ roedd yr hyn a edrychai fel to ystafell haul. Yr hyn oedd yno mewn gwirionedd oedd tarian i amddifyn y tŷ rhag unrhyw beth a allai lanio yno o'r ochr arall i'r wal.

Y stop nesaf oedd gardd goffa yn dwyn yr enw Clonard Martyrs Memorial. Esboniodd Pat fod gan ardal Clonard, sy'n cynnwys dim mwy na rhyw ddwsin o strydoedd tai teras brics coch, ran bwysig yn hanes y gwrthdaro. Yn 1969, roedd gangiau Protestannaidd wedi ymosod gyda gyda gynnau a bomiau petrol nes bod un o'r strydoedd, Bombay Street, wedi ei llosgi'n llwch. Saethwyd bachgen 15 oed o'r enw Gerald McAuley, wrth iddo geisio amddiffyn ei gartref, ac mae'n cael ei gofio fel y Gweriniaethwr cyntaf i farw yn yr helbulon. Mae 82 o enwau yn cael eu coffáu yn y gerddi. Yn eu plith mae Sean Savage a Dan McCann, dau o'r tri aelod o'r IRA a saethwyd gan yr SAS yn Gibraltar yn 1988.

Gofynnais i Pat sut oedd o'n gweld y dyfodol. 'Mae

pethau wedi bod yn gwella'n rheolaidd ers mwy na deng mlynedd, ond dydi'r cwestiynau sylfaenol ddim wedi cael eu datrys, a does dim ateb fydd yn bodloni pawb. Mae Gogledd Iwerddon yn cael ei ddangos i'r byd fel lle heddychlon, ond dydi hynny ddim yn ddarlun cyflawn. Fydd hi ddim yn gymdeithas normal tra bod y giatiau yna'n dal i gael eu cloi yn y nos y tu ôl inni, a'r waliau yn dal i sefyll.'

Y Llyfrgell

Pan gyrhaeddais Marine House, y 'detached villa', yn ei libart ei hun, gyda lle i barcio yn yr ochrau a'r cefn, doedd yr un cerbyd arall ar gyfyl y lle. Gwnes ymdrech deg i stwffio'r Volvo i'r gongl lle byddai leiaf tebygol o darfu ar neb, cyn mentro canu'r gloch.

Roeddwn wedi gobeithio mai tynnu coes ar y ffôn yr oedd ceidwad y llety, a bod ei hiwmor sych yn haws ei adnabod yn y cnawd. Ond nid felly. Ymddangosodd dyn byr, pigog, oedrannus, yn cnoi fel Alex Ferguson ac yn cwyno ei fod ar hanner ei swper. 'What are you driving?' oedd ei gwestiwn cyntaf. 'Chieftain tank' ddaeth i fy meddwl, ond gwell ymatal. Daeth allan i weld ymhle'r oeddwn wedi parcio'r Volvo, ac ebychu rhyw fath o gymeradwyaeth. Gan fy mod yn bwriadu aros tair noson, roedd gen i gesys go drwm oedd yn cynnwys llyfrau a chyfrifiadur pen-glin. Cerddodd o fy mlaen i fyny tair rhes o risiau, gan awgrymu'n ddrwgdybus, fod gen i dipyn o bwysau i'w gario, ond heb gynnig rhannu'r baich. Doeddwn i ddim yn edrych ymlaen at ddringo'r un grisiau pe deuai galwad natur yn ystod y nos. Ond roedd fy ngoruwch ystafell yn fwy na'r disgwyl, ac yn un en suite. Cadarnhaodd Mr Fawlty nad hon oedd yr ystafell y soniodd amdani ar y ffôn, a deuthum i'r casgliad fod rhyw ddaioni ym mhawb.

Arwel Ellis Owen, a fu'n un o benaethiaid y BBC yn Belfast, oedd wedi awgrymu y dylwn alw yn y Linenhall Library. Dydw i ddim yn or-hoff o lyfrgelloedd; mae 'na ryw sidetrwydd yn eu cylch sy'n gwneud imi deimlo awydd gweiddi. Ond ar ôl gweld brwdfrydedd Arwel ynglŷn â'r Linenhall fe wnes ychydig o ymchwil

Gŵglaidd, a sylweddoli'n syth nad llyfrgell gyffredin oedd hon. Roedd gen i ddiddordeb arbennig yng Nghasgliad Gwleidyddol Gogledd Iwerddon, gyda'i chwarter miliwn o ddogfennau yn cynrychioli pob safbwynt, barn a rhagfarn, a gasglwyd yn ystod y gwrthdaro yn y dalaith o 1968 ymlaen. Roeddwn wedi trefnu ymlaen llaw fod aelod o'r staff yn fy nhywys o gwmpas, ac ar ôl brecwast sylweddol y Marine House, dyma gerdded wrth fy mhwysau i Donegall Square. Mae'n adeilad cymharol ddisylw, yn enwedig o'i gymharu â Neuadd y Ddinas sydd gyferbyn, ond unwaith ichi sylwi arno, mae'r fynedfa gain gyda'i phensaernïaeth Fictorianaidd yn dystiolaeth o lewyrch y ddinas pan oedd y diwydiant lliain yn ei anterth.

Roedd y casgliad gwleidyddol ar y trydydd llawr, lle'r oedd dyn ifanc o'r enw Alistair Gordon yn barod i'm rhoi ar ben y ffordd. Tras Albanaidd, meddyliais, a theimlo'n euog pan welais boster gwrth-sectyddiaeth efo'r neges 'Does it matter which foot you kick with?' A'r ateb 'If you find yourself thinking like a bigot, catch yourself on.' Os oes unrhyw sefydliad yng Ngogledd Iwerddon a chanddo bob hawl i'w alw'i hun yn gwbl ddiduedd, y Linenhall yw hwnnw. Pan oedd yr Helbulon ar eu hanterth roedd Gerry Adams ac Ian Paisley yn canmol y casgliad i'r cymylau. A phan osododd yr IRA fomiau tân yn yr adeilad ar ddydd Calan 1994, a dod o fewn modfeddi i ddinistrio'r casgliad llawnaf yn y byd o lenyddiaeth Weriniaethol Iwerddon, y farn oedd mai anwybodaeth prentisiaid gor-frwdfrydig oedd yn gyfrifol.

Roedd y casgliad wedi ei eni yn 1968 pan roddwyd copi o daflen hawliau sifil i bennaeth Llyfrgell Linenhall mewn tafarn yn Belfast. Go brin fod y llyfrgellydd hwnnw, Jimmy Vitty, yn rhagweld y byddai'r gwrthdaro'n parhau am 30 mlynedd, ond bu'n ddigon hirben i gadw'r daflen gan roi cychwyn ar gaseg eira a dyfodd i fod yn chwarter miliwn o eitemau. Aeth Alistair â fi o gwmpas adrannau yn cynnwys sticeri, bathodynnau, posteri, cardiau, pamffledi, llyfrau, cylchgronau, toriadau papur newydd, llythyrau, fideos a myrdd o drugareddau. Roedd rhai eitemau wedi eu creu gan ddylunwyr proffesiynol ar gyfer pleidiau a mudiadau, ac eraill yn gri o'r galon wedi eu cynhyrchu ar beiriannau cartref. Gadawodd Alistair fi i ddilyn fy nhrwyn ynghanol y trysorau.

Un o'r pethau mwyaf anghyfforddus yw'r dystiolaeth fod agweddau llawer o blant y dalaith wedi eu plannu yn y crud. Ochr yn ochr a bib babi sy'n dangos Llaw Goch Ulster a'r geiriau 'Proud to be a baby Prod', mae llyfr lluniau i ddysgu'r wyddor i blant bach. Y wers gyntaf yw 'A is for

Llyfrgell Linenhall

Armalite' gyda llun o ferch ifanc yn chwifio hoff reiffl. Neges i'r un perwyl sy'n darlunio pob un o'r llythrennau.

Mae llawer o'r dogfennau wedi eu cynhyrchu yng ngharchar. Ar ddarn o bapur tŷ bach a smyglwyd allan o'r Maze ym Medi 1981, mae carcharorion Gweriniaethol yn datgan fod y streic newyn a arweiniodd at farwolaeth Bobby Sands a naw arall i gael ei dirwyn i ben. A charcharor benywaidd yng ngharchar Armagh a ddyluniodd boster du a gwyn sy'n dangos merch noeth a chysgodion capiau swyddogion gwrywaidd ar ei chorff, gyda'r geiriau 'Stop strip-searching'.

Wedi ei fframio ar wal y llyfrgell mae tudalen flaen hanesyddol rhifyn 31 Awst, 1994 o'r *Belfast Telegraph* yn cael ei llenwi gan y pennawd, 'After 3,168 deaths and 25 years of Terrorism the IRA says IT'S OVER'. Daeth erchyllterau diweddarach i ychwanegu rhywfaint at y ffigyrau, ond gofynnais i Alistair faint a laddwyd, a chan bwy, yn yr helbulon i gyd. Daeth a llyfr imi, o'r enw *Lost Lives: The Stories of the Men, Women and Children Who Died Through the Northern Ireland Troubles*, gan David McKittrick ac eraill. Mae'n ddadansoddiad ffeithiol o'r marwolaethau i gyd, gyda chrynodeb anfeirniadol o fywydau pob un a laddwyd rhwng 1969 ac 1987.

Yn y cyfnod hwnnw lladdwyd 3720 o bobol a phlant. Sifiliaid oedd 2087, ac o'r rheini roedd 1259 yn Babyddion a 727 yn Brotestaniaid. Lladdwyd 503 o filwyr Prydeinig, 509 o blismyn ac aelodau o Gatrawd Amddiffyn Ulster, 395 o Weriniaethwyr paramilwrol a 167 o Deyrngarwyr paramilwrol. Y flwyddyn fwyaf gwaedlyd oedd 1974, pan gollwyd 496 o fywydau. Yr ardaloedd lle bu farw mwyaf o sifiliaid oedd Gorllewin Belfast (421), Gogledd Belfast (402) a Swydd Armagh (235).

Wrth gerdded allan i fwrlwm heulog Belfast, fedrwn i ddim peidio meddwl am eiriau Waldo

Pa werth na thry yn wawd
Pan laddo dyn ei frawd.

Y Cyfieithydd

Roeddwn wedi holi Liam Andrews droeon ar y ffôn neu 'i lawr y lein' o Belfast. Roeddwn hefyd wedi ei gyfarfod yn frysiog ddwywaith yng Nghymru. Ond doeddwn i erioed o'r blaen wedi ei weld ar ei domen ei hun yn Belfast. Roeddwn yn edrych ymlaen at gael gwybod mwy am gefndir y dyn y byddai adrannau newyddion yn troi ato'n reddfol pan fyddai angen llais Pabyddol i siarad yn Gymraeg am hynt a helynt Gogledd Iwerddon.

Felly dyma ddal tacsi gyda'r nos o Marine House i stryd yn Andersonstown yng ngorllewin y ddinas. Ar ôl cael fy ngollwng yn y stryd roeddwn i'n cael trafferth gweld rhifau'r tai yn y gwyll, a holais ddyn oedd ar y ffordd allan o'i dŷ. Wrth glywed fy acen daeth i'r casgliad fy mod yn chwilio am 'y teulu sy'n siarad Cymraeg'. Cyfeiriodd fi'n syth at dŷ Liam a'i wraig, Rhian, sy'n hanu o Abertawe.

Wyneb yn wyneb, fel ar donfeddi'r awyr, mae Liam yn siaradwr brwd a byrlymus. Doedd dim rhagymadroddi am dywydd hafaidd yr hydref, ond bwrw iddi'n syth i sôn am ei brofiad gwaith cyffrous y diwrnod cynt. Fel cyfieithydd ar ei liwt ei hun, roedd wedi cael ei alw ar fyr rybudd i gyfieithu o'r Wyddeleg i Saesneg yn un o sesiynau Cynulliad Gogledd Iwerddon. Hwn oedd y tro cyntaf iddo wneud hynny, a phetai prif gynnig y dydd wedi llwyddo, gallai fod ymhlith yr olaf. David McNarry o'r Ulster

Liam Andrews

Unionist Party oedd wedi llunio cynnig yn galw ar y Cynulliad i wrthwynebu llunio Deddf yr Iaith Wyddeleg ac yn gofyn i'r gweinidogion ofyn i'r aelodau ymatal rhag defnyddio'r Wyddeleg yn y Siambr, mewn pwyllgorau nag wrth lythyru.

'Hwn oedd y tro cyntaf imi fod yn y blwch cyfieithu uwchben y siambr yn gwylio'r drafodaeth ar sgrin deledu,' meddai Liam. 'Roedd yn brofiad arbennig, cael bod yno am ddiwrnod cyfan, mor agos at ganol pethau. Aelodau Sinn Fein a'r SDLP sy'n defnyddio'r Wyddeleg, ac mae rhai ohonyn nhw'n fwy rhugl na'i gilydd. Mae 'na lawer o newid o'r naill iaith i'r llall, ac maen nhw'n hoffi defnyddio termau fel Ceann Comhairle ['llefarydd' neu 'gadeirydd'] . Peth symbolaidd yw hynny ac mae pawb yn gwybod yr ystyr, ond dyw'r Unoliaethwyr ddim yn hapus. Mae rhai o'r Unoliaethwyr yn gadael i ragfarn ddod rhyngddyn nhw â synnwyr cyffredin. Er mae'n rhaid dweud fod yr un oedd yn cyflwyno'r cynnig ddoe yn gwneud ei bwyntiau yn dda.'

Mewn talaith sy'n gyfarwydd â gwrthdaro llawer mwy gwaedlyd, dydi dadleuon ieithyddol ddim yn cynhyrfu llawer ar neb, yn ôl Liam. 'Roedd y brotest yn ddoniol yn fwy na dim, ac mae pawb wedi arfer gyda melodramatics fel hyn. Mae'r Aelodau wedi magu crwyn trwchus iawn dros y blynyddoedd.'

Doeddwn i ddim wedi sylweddoli cyn yr ymweliad hwn fod iaith arall, sef Ulster-Scots, yn bwysig i rai yn y dalaith. Dyma fersiwn Gogledd Iwerddon o'r Lowland Scots neu Lallans, o ddeheudir a chanolbarth yr Alban –iaith barddoniaeth Robert Burns. Yn Belfast roeddwn wedi prynu papur newydd, *The Ulster-Scot*, papur Unoliaethol lle'r oedd ei ddwy dudalen ganol yn clodfori Robert the Bruce, concwerwr 'proud Edward's Army' yn Bannockburn, ac arwr mawr cenedlatholwyr yr Alban.

Ers datganoli yng Ngogledd Iwerddon mae'r Unoliaethwyr yn hyrwyddo'r Ulster-Scots fwyfwy, fel gwrthbwynt i'r alwad am fwy o statws i'r Wyddeleg. Canlyniad hynny oedd bod Liam wedi cael cwmni un o siaradwyr yr iaith honno yn y blwch cyfieithu yn y Cynulliad.

'Does neb byth bron yn siarad yr iaith yn y siambr. Roedd y cyfieithydd yn chwyrnu cysgu ar adegau, ond yn dihuno unwaith yr oedd e'n clywed llais rhywun a allai ddefnyddio'r iaith,' medd Liam. 'Fe siaradodd un o aelodau Sinn Fein ychydig o'r iaith ar ôl sylwi fod y cyfieithydd wedi mynd allan am sigarét.'

Clywais ddweud droeon fod yna fwy o frwdfrydedd dros yr Wyddeleg yn y Gogledd nag yn y Weriniaeth, oherwydd ei bod yn cael ei gweld yn arf yn erbyn awdurdod yn y Gogledd, a'i chymryd yn ganiataol dros y ffin. 'Rhaid peidio gor-symleiddio, ond mae 'na elfen gref o wirionedd yn hynny,' medd Liam. 'Os yw iaith yn cael ei dirmygu gan y sefydliad, bydd pobol yn troi o'i phlaid. Pabyddiaeth oedd y prif beth oedd yn ein gwneud ni'n wahanol, ond mae'r iaith, y GAA a hyd yn oed y gerddoriaeth hefyd yn arwydd o'n hunaniaeth. Mae agweddau'n newid yn araf wrth i broffil yr iaith godi. Does dim llawer o Unoliaethwyr yn gryf o'i phlaid, ond o leiaf maen nhw'n gwybod ei bod hi yno. Mae 'na rai yn eu plith sy'n gweld hyn yn rhan o ryfel gwleidyddol a diwylliannol, nawr bod y rhyfel go iawn wedi dod i ben. Ond mae'r ffaith bod y ddwy garfan yn cwrdd â'i gilydd ac yn siarad â'i gilydd yn y Cynulliad yn golygu bod rhai syniadau'n cael eu trosglwyddo o'r naill ochr i'r llall. Mae'r broses wedi cychwyn, ond bydd yn cymryd blynyddoedd.'

Gadawodd Liam ei gartref yn Belfast yn 1970, i astudio yn Aberystwyth. Roedd eisoes wedi graddio mewn ieithoedd Celtaidd yn Belfast, ac yn medru rhywfaint o Gymraeg. Cyfarfu Rhian ac yntau pan oedd Liam yn gweithio yng Ngwersyll yr Urdd, Llangrannog yn ystod yr haf. Magwyd eu merched, Hunydd a Tegai, yn ddwyieithog yn Belfast, gan siarad Cymraeg â'u mam a Gwyddeleg â'u tad. Bellach mae'r ddwy ferch yn byw a gweithio yng Nghymru.

Pan oedd Liam yn pacio'i eiddo i symud i Gymru, dywedodd ei dad wrtho am adael un trwnc adref, rhag ofn y byddai angen i'r teulu adael eu cartref ar frys. Yn Chwefror 1972, pan oedd ymosodiadau sectyddol yn newid map crefyddol y ddinas, gwireddwyd ei ofnau. Cyrhaeddodd gang i falu ffenestri'r tŷ. Rhybuddiwyd y teulu bod ganddyn nhw ddiwrnod i adael, cyn i'r ymosodwyr ddod yn ôl i roi'r adeilad ar dân. Doedd dim amdani ond ffoi ar gefn lori i dŷ ffrindiau.

Flynyddoedd wedyn cafodd tad Liam brofiad hunllefus arall. Roedd bellach yn ei 80au ac wedi cael strôc, ac wedi mynd i dorri ei wallt mewn stryd oedd yn arwain o ardal Babyddol i un Brotestannaidd. Roedd wedi talu i'r barbwr, a hwnnw ar fin rhoi'r arian yn y til, pan ruthrodd tri dyn arfog i mewn a saethu'r barbwr yn gelain.

'Mae sawl un o 'nghenhedlaeth i wedi gweld pethau erchyll fel yna, ac fe fyddan nhw'n byw gyda'r trawma hyd y bedd,' medd Liam. 'Rwy'n lwcus na chefais i brofiad personol o ddim byd fydd gyda fi am byth.'

Wrth imi adael, danfonodd fi at le tacsi, a dangosodd ysgol gynradd Wyddeleg yr ardal. 'Mae 'na blant bach nawr sy'n gwybod dim byd am y trafferthion,' meddai. 'Mae'r ymladd yn beth mor ddieithr iddyn nhw ag oedd yr Ail Ryfel Byd i ni. Mae pobol wedi blino ar drais. Roedden nhw'n arfer brwydro am eu bod nhw'n credu nad oedd dewis arall i'w gael. Nawr bod yna ddewis arall, dim ond twpsod fyddai'n gwrthod y cyfle. Roedd yna dŵr gwylio ar ben mynydd draw acw, ond nawr mae e'n dir gwyllt ac yn rhan o barc cenedlaethol. Mae'n anodd cofio erbyn hyn ymhle'r oedd y gwersylloedd milwrol. Ry'n ni bron iawn â bod yn ddinas normal.'

Y Tirlunydd

Camlin. Crown Bar. 5pm. Dyna'r unig gyhoeddiad pendant yn fy nyddiadur ar gyfer fy niwrnod olaf yn Belfast. Roedd y cyfarfyddiad wedi ei drefnu wythnosau ynghynt y tu allan i Neuadd Dwyfor ym Mhwllheli ar ddiwedd cyngerdd gan Barti Cut Lloi, 'criw o gogie o ardal Dyffryn Banw'. Mae gwreiddiau un o'r 'cogie' yn bell o Gymru, er na fyddech chi'n credu hynny wrth glywed ei lond ceg o Gymraeg Sir Drefaldwyn. Yn Belfast y magwyd Robert Camlin, ac mae stamp Belfast mor gryf ag erioed ar ei Saesneg. Ac er iddo adael y ddinas cyn belled yn ôl ag 1974, mae'n dal i adael ei farc, yn llythrennol, ar ei thirlun.

Pensaer tirlunio yw Robert, sy'n rhedeg cwmni rhyngwladol o'i stiwdio yn Llangadfan. Pan oedden ni'n

Robert Camlin

ffilmio 'Pedwar Cae' yn 1994, roedd yn gyfrifol am wedd allanol y Laganside Development, datblygiad enfawr i adfer glan orllewinol yr afon a'i gysylltu'n nes gyda chanol y ddinas. Erbyn fy nhaith bresennol, trwy gyd-ddigwyddiad, roedd wedi ennill contract ar gyfer cynllun i ddatblygu ochr ddwyreiniol yr afon. Byddai hwnnw'n destun sgwrs heno yn y Crown Bar. Tan hynny roedd gen i amser i hamddena a chael golwg ar y datblygiad gorffenedig ar lan orllewinol y Lagan, oedd ar ei hanner yn 1994.

Llanast y 'tynnu yma i lawr a chodi draw' oedd i'w weld yma bryd hynny wrth i'r hen ardal ddiwydiannol gael ei thrawsnewid. Roedd yna eironi teuluol yn rhan Robert Camlin yn y gwaith. Ei dad, fel peiriannydd sifil, oedd wedi goruchwylio codi rhai o'r adeiladau, a'i fab yn gyfrifol am eu dymchwel – canolbwynt y cynllun yw neuadd Waterfront, adeilad crwn, trawiadol a agorwyd yn 1997, sy'n cael ei chydnabod fel un o ganolfannau cynadledda gorau'r byd. Ar y tir agored o gwmpas y neuadd mae darnau o gelf sy'n adlewyrchu hanes Belfast: cast efydd o ddyn yn eistedd ar gasgen gwrw wedi ei gomisiynu gan Bass i ddathlu canrif o fragu yn y ddinas, a rhes o 'ddefaid' yn nodi mai yma'r oedd safle marchnad anifeiliaid fwyaf Belfast ar un adeg. Roedd yn anodd credu bod sail y tirlun wedi ei gynllunio yng nghefn gwlad Sir Drefaldwyn.

Roeddwn wedi gofalu mynd â chamera efo fi i'r Crown Bar, gan bod tu mewn a thu allan yr adeilad yn gampwaith o serameg oes Fictoria. Ond yn anffodus doedd fawr ddim o grefftwaith y wal allanol i'w weld y tro hwn. Roedd y cyfan o'r golwg y tu ôl i sgaffaldau a bordiau tra'r oedd gweithwyr wrthi'n adnewyddu'r adeilad. Fyddai dim pwynt gwneud hynny rai blynyddoedd yn ôl, gan ei fod union gyferbyn â'r Europa, a ddaeth yn enwog fel y gwesty a fomiwyd yn amlach nag unrhyw un arall yn Ewrop.

Roedd tu mewn y Crown hefyd yn cael ei adnewyddu, a rhai o'r snygs hen ffasiwn wedi cau am y tro. Ond roedd Robert Camlin wedi bachu cornel cyn imi gyrraedd, ac yn amlwg yn gartrefol yn ei hen gynefin.

Roedd ei gonract tirlunio ddiweddaraf yn ymwneud ag ail-ddatblygu safle hen gwmni Sirocco, hen gwmni peirianneg adnabyddus yn agos at Harland and Wolfe. 'Dwi'n cofio'r lle yn brysur iawn,' meddai. 'Aeth llawer o fy ffrindiau yno'n brentisiaid ac i weithio fel welders ac ati. Ers hynny, symudodd llawer o bobol o galon y ddinas i fyw i'r cyrion, a rŵan mae 'na ymdrech i'w symud nhw yn ôl i fyw i'r canol. Mae angen critical mass i gadw bywyd yn yr ardal. Mae'n cleient ni eisiau codi 2,400 o apartments, dau neu dri gwesty, archfarchnad fawr ac o bosib amgueddfa gelfyddyd fodern. Mi fydd y cynllun yn dod â rhwng chwech a saith mil o bobol i mewn, a digon o siopau, ysgolion, swyddfeydd a gwasanaethau cymunedol, y cwbl wedi eu cymysgu, sy'n ei wneud o'n gynllun cyffrous iawn.'

Un o'i gyfrifoldebau fyddai cynllun i godi pont droed dros yr afon, a chwilio ledled Ewrop am arbenigwyr i'w hadeiladu. Roedd yn gweld ystyron dyfnach i'r bont na chysylltu dwy lan yr afon yn unig. Roedd eisiau iddi ddod â Phrotestaniaid a Phabyddion o'r ddwy ochr yn nes at ei gilydd.

Trodd y sgwrs at ei blentyndod ei hun yn y ddinas. Doedd bywyd yno yn y pumdegau ddim yn wahanol iawn i'r hyn a fyddai yn y Gymru anghydffurfiol, meddai. 'Eglwys deirgwaith ar y Sul. Cinio dydd Sul. Dillad deche. Dim chwarae pethau swnllyd. Fy nghenhedlaeth i ddechreuodd ddod â'r arferion hynny i ben.'

Roedd Robert yn chwech neu saith oed pan ddaeth yn ymwybodol o'r rhaniad crefyddol. Gofynnodd i'w fam beth oedd ystyr bathodyn y gwelodd un o'i ffrindiau yn ei wisgo, a chael yr ateb 'It's a Protestant badge. You're a Protestant.' Ymunodd wedyn â grŵp o Sgowtiaid oedd ag aelodau o'r ddwy ochr. Roedd yn 16 oed yn 1969 pan gychwynnodd y trais.

Doedd ei rieni erioed yn Brotestaniaid unllygeidiog, meddai. Mae'n cofio'i dad yn pleidleisio i'r SDLP, am ei fod eisiau gweld mwy o gytbwysedd grym rhwng y Cenedlaetholwyr a'r Unoliaethwyr. Penodwyd ei fam yn brifathrawes yr ysgol gynradd wladwriaethol integredig gyntaf yng Ngogledd Iwerddon. 'Doedd plant o'r ddwy gymuned ddim yn broblem. Offeiriadon a gweinidogion oedd yn achosi trafferth.

'Yn wahanol i fy rhieni, fy chwaer a fy mrodyr, roeddwn i wedi dengid o'r lle ac osgoi llawer o'r pethau gwaetha ddigwyddodd. Ar ôl gadael cartref, a darllen llyfrau drosof fy hun, roeddwn i'n sylweddoli cyn lleied o hanes Iwerddon oedd wedi ei ddysgu inni yn yr ysgol. Roeddwn i wedi clywed am Syr Francis Drake. Roedd o'n arwr mawr i mi. Doedden nhw'n sôn dim amdano fo'n lladd cannoedd o wragedd a phlant ar Ynys Rathlin [ger arfordir Swydd Antrim yn 1575]. Dim ond yn yr ysgolion Pabyddol yr oedden nhw'n dysgu pethau felly.'

'Mae cymaint o bethau wedi digwydd erbyn hyn. Mae'r Eglwys Gatholig wedi colli llawer o'i pharch oherwydd y sgandals camdrin plant. Eto, mae pobol yn eitha cyfforddus eu byd a bydd rhai o'r ideologues yn ei gweld hi'n neis cael swydd a chyflogau da yn Stormont. Fedr rhywun ddim peidio gofyn, beth oedd y broblem? Ond mae'n braf gweld pobol yn tyfu i fyny, ar ôl yr holl amser.'

Roedd yr Ivy Bar, lleoliad y cyngerdd, wedi hen lenwi a'r gerddoriaeth yn ei anterth erbyn i ni'n tri gyrraedd. Yno o'n blaenau roedd James, brawd ieuengaf Robert, a nifer o'i hen ffrindiau – pawb wrth eu boddau'n croesawu'r alltud yn ei ôl. Roedd un o'r criw yn gwisgo crys a bathodyn ar y llawes yn cynnwys y geiriau 7th Belfast. Roeddwn i wedi dychryn braidd, ond wrth ei holi rhwng caneuon cefais ar ddeall mai enw grŵp o Sgowtiaid Protestannaidd oedd ar y bathodyn. 'It shows who we are,' meddai. Wrth inni sôn am y cytundeb trawsbleidiol yn Stormont, dywedodd 'If we hadn't capitulated to the IRA...'

Roeddwn i eisoes wedi dod i'r casgliad nad dyma'r lle i roi perfformiad arall o Sean South of Garryowen, ac mai'r peth doethaf oedd cau fy ngheg, mwynhau gitâr Mr Keenan a gwneud yn fawr o'r Guinness. Dau gysgadur fu'n cadw cwmni i Rosie druan ar y ffordd yn ôl i Belfast.

Y ferch o'r Rhyl

Roedd ymadael â'r Marine House yn achlysur bron mor biwis â chyrraedd yno. Es ati i lwytho'r car cyn brecwast, a chyrraedd y stafell fwyta am dri munud wedi naw. Er bod y brecwast i fod i orffen am naw, roeddwn i'n ffyddiog y byddai rhywbeth ar ôl ar y byrddau. Ond roedd y gwesteion i gyd wedi diflannu a phopeth bwytadwy wedi ei glirio, ac eithrio un paced o gorn-fflêcs. Cefais afael ar bowlen a llwy, a dechrau sglaffio fy Nghelogs yn sych. Pan ymddangosodd gwraig awdurdodol o rywle, gofynnais iddi a oedd modd cael diferyn o lefrith. Aeth allan gan ysgyrnygu, a dod yn ôl i sodro jwg o fy mlaen heb yngan gair.

Cyn ymadael agorais y llyfr ymwelwyr, gan fwriadu mynegi fy marn am y lle. Ond yn gyntaf darllenais sylwadau rhai o'r gwesteion eraill: 'Very accommodating and helpful with non-Irish – IA, Bristol'. 'I felt really at home in your lovely house – Halle, Germany'. Yn fy nryswch, gadewais y llyfr heb ei lofnodi.

Alwena Johnston

Fy mwriad, ar fy niwrnod olaf yn y Gogledd, oedd cyrraedd Kilkeel, Swydd Down i dreulio'r noson. Ond roeddwn eisiau galw mewn dau le arall ar y ffordd. Y cyntaf o'r rheini oedd pentref Strangford ym mhegwn deheuol lough o'r un enw. Mae Strangford yn harbwr naturiol ar arfordir Down.

Roedden ni wedi bod yma'n ffilmio yn 1994 pan oedd y Galway Hookers Regatta yn cael ei gynnal ar y lough, a sŵn bandiau yn diasbedain ar y ddwy lan. Buom yn sgwrsio â Chymraes oedd yn byw ar fferm ar ochr Strangford i'r lough, Alwena Johnston, yn wreiddiol o ardal y Rhyl. Dywedodd mai Alwena Roberts oedd hi cyn priodi, oedd yn golygu'i bod yr un enw â fy ngwraig.

Pan oeddwn i'n dethol lluniau ar gyfer y gyfrol Cymru Geoff Charles, a gyhoeddwyd yn 2004, roeddwn wedi dod ar draws llun o fachgen a merch fach ar eu ffordd i ysgol Gymraeg y Rhyl ar ddiwrnod ei hagoriad yn 1949. Enw'r ferch oedd Nerys Alwena Roberts. Ai hon oedd yr Alwena oedd yn byw yn Iwerddon? Dyma fynd ati i astudio tâp o'r rhaglen, a gweld tebygrwydd. Wedyn cafwyd cadarnhad gan wraig o'r Rhyl fod Alwena yn un o'r plant cyntaf yn Ysgol Dewi Sant.

Felly dyma fynd â chopi o'r llyfr efo fi ar y daith hon, i'w gyflwyno iddi. Roeddwn wedi ffonio ymlaen llaw, ond doedd neb adref. Cefais hyd i'r ffarm, a daeth Alwena ei hun i'r drws. Ond wnaeth hi ddim cynhyrfu wrth weld y llyfr. Roedd hi'n gwybod amdano, gan i bobol eraill fod yn gofyn iddi ai hi oedd yn y llun. Ond na, nid hi oedd hi. Er iddi gychwyn yn yr ysgol flwyddyn yn ddiwedarach, doedd ganddi ddim cof o gwbl am y ferch yn y llun.

Gadewais y llyfr iddi yr un fath, ac roedd hi'n falch o gael sgwrs yn Gymraeg, a'i gŵr, Cavan, yn ddigon hapus yn sŵn yr iaith. Dydi hi ddim yn iaith mor ddieithr iddo erbyn hyn, meddai, gan fod eu merch, wedi bod yn y Brifysgol ym Mangor ac wedi priodi Cymro. Dangosodd lun y briodas imi, ac roeddwn i'n adnabod tad y priodfab yn syth: Dai Davies, goli Cymru ac Everton ers talwm.

Cyn imi adael cafodd Alwena afael ar albwm gyda llun o'i dosbarth yn ysgol Gymraeg y Rhyl. Doedd hi'n ddim byd tebyg i'r ferch yn y llun. Ac roedd hi'n dal i geisio dyfalu pwy oedd Nerys Alwena Roberts.

Gwlad y Ffyrgi Bach

Pan oeddwn wedi ymgolli yn nghreiriau Llyfrgell y
Linenhall dridiau ynghynt, cefais brofiad oedd yn dipyn
o embaras. Tarfwyd ar ddistawrwydd yr ystafell ddarllen
gan seiniau Hen Wlad Fy Nhadau. Roedd hyn yn
gymaint o syndod i mi ag i weddill y dwys fyfyrwyr, nes
imi sylweddoli mai fy ffôn fy hun oedd tarddiad y
gerddoriaeth. Roeddwn wedi anghofio'i ddiffodd, ond
hefyd wedi anghofio ymhle'r oeddwn wedi ei adael.
Erbyn imi ddilyn y sŵn i boced fy nghôt ar gefn cadair yn
y gornel bellach, roedd yr alaw wedi cyrraedd 'Tra môr
yn fur'. Chododd neb ar ei draed, ond cododd sawl un eu
pennau o'u llyfrau. Penderfynais yn y fan a'r lle bod rhaid
newid tôn fy ffôn o'r anthem genedlaethol i ryw jingl
anadnabyddus.

Doedd gan y wraig a ffoniodd ddim syniad faint o
wewyr a achosodd yr alwad. Ei henw oedd Joyce Poots,
ac ar ôl sibrwd yn ei chlust na allwn sgwrsio am rai
eiliadau, sleifiais allan i'r coridor i glywed ei chenadwri.
Dyna pryd y cofiais pwy oedd hi – gwraig o Dromara, y
pentref oedd wedi gefeillio â Drumsna yn y cynllun i
bontio cymunedau de a gogledd Iwerddon. Roeddwn
wedi cael ei henw gan Noel y tafarnwr yn Drumsna ac
wedi gadael neges ar ei ffôn rai dyddiau ynghynt.
Newydd glywed y neges yr oedd hi, a dywedodd y
byddai croeso imi alw.

Dim ond rhyw ddeng milltir o siwrnai tua'r dwyrain
oedd gen i o Strangford, nes cyrraedd hen ficerdy braf
ynghanol coed ar ochr bryn ar gyrion Drumora, lle'r oedd
gwraig a chi ar y lawnt i'm croesawu. Roedd platiad o
frechdanau a danteithion ar y bwrdd yn barod, a heb fawr
o ragymadroddi roeddwn i'n trafod rhai o faterion dyrys
Gogledd Iwerddon gyda gwraig nad oeddwn ond
newydd ddod i wybod am ei bodolaeth.

Cefais ar ddeall mai arlunydd oedd Joyce, a'i bod yn
cynnal dosbarthiadau celf a chrefft yn y pentref i bobol
dros eu hanner cant oed. Roedd hi hefyd ar un adeg yn
gynllunydd ffasiwn i ffatri leol oedd yn gwneud dillad i
ferched a phlant. 'Roedd y ffatri'n cyflogi 70, ond fe
benderfynodd y perchnogion werthu'r tir i godi tai.

Joyce Poots

Doedd dim byd allen ni wneud ynghylch y peth.' Ei gŵr, Stanley, oedd prifathro'r ysgol gynradd ac roedd y ddau yn brysur gyda phob math o weithgareddau cymunedol, gan gynnwys y gefeillio gyda Drumsna.

'Mae hynny wedi gweithio'n dda,' meddai. 'Doedd neb ohonon ni'n gwbod dim am eu rhan nhw o'r wlad, a neb ohonyn nhw'n gwybod dim am yr ardal yma. Doedd rhai o'n criw ni erioed wedi bod dros y ffin o'r blaen, er eu bod nhw wedi bod yn yr Alban. Mi fydden nhw'n meddwl ddwywaith cyn mentro i Belfast pan oedd y 'Troubles' ar eu gwaetha. Byddai wedi bod yn anodd iawn trefnu'r math yma o gydweithredu'r adeg honno. Mae'n rhaid i bob dim gael ei amser.

'Mater o ddod i 'nabod ein gilydd oedd hi i ddechrau. Mi fuon ni yn eu gŵyl bentref nhw ym Mehefin, a daeth llond bỳs ohonyn nhw yma. Mi welson ni ar unwaith bod y ddwy gymuned yn cyd-dynnu ac yn mwynhau cwmni'r naill ar llall.

'Ers hynny mi gafwyd llawer iawn o ymweliadau i'r ddau gyfeiriad, a llawer iawn o chwerthin. Roedden nhw yma unwaith adeg Jiwbili'r frenhines, pan oedd coelcerthi'n cael eu tanio. Mi ddechreuodd rhai o bobl

Drumsna gynneu ffaglau, ac roedd 'na dynnu coes ynglŷn
â beth ddywedai'r bobol gartre.'

Mynnodd ddangos rhywfaint o'r wlad i mi: gwlad o
fryniau ac eithin a choedwigoedd yn ymestyn am
filliroedd tuag at y môr. Ar ddiwrnod clir, mae'n debyg
fod modd gweld arfordir yr Alban ac Ynys Manaw. Ar rai
o'r bryniau, mae olion 'caeau'r newyn', y gwelyau lle
byddai tatws yn cael eu plannu yng nghyfnod y Newyn
Mawr. 'Mae'r tir yn garegog iawn ac roedd y tlodi'n
enbyd. Bu llawer iawn farw ac aeth llawer i fyw i
wledydd eraill,' meddai Joyce.

Ond fe gododd rhai allan o'r tlodi. Ar dyddyn yn yr
ardal y magwyd Harry Ferguson, dyfeisydd peiriannau,
yn enwedig tractors, a thad yr enwog 'Ffyrgi bach'. Bu'n
datblygu ceir mewn partneriaeth a Henry Ford, nes i
bethau fynd yn ffliwt rhwng y ddau ynglŷn â phatent;
Ferguson oedd y cyntaf yn Iwerddon i fod yn berchen
awyren breifat. Mae ei enw i'w weld ar ddwy filiwn o
dractors Massey-Ferguson ym mhob rhan o'r byd. 'Mae'n
siŵr mai fo oedd y dyn mwya enwog i ddod o'r ardal
yma – mae ei lun ar bapur ugain punt y Northern Bank.
Mi aethon ni â phobol Drumsna i weld ei gartre ac roedd
ganddyn nhw ddiddordeb mawr,' meddai Joyce.

Ffermio ydi'r gwaith pwysicaf yn yr ardal o hyd,
meddai, ond roedd gan amryw o'r ffermwyr waith arall
hefyd. Roedd llawer o bobol yn teithio ugain milltir bob
dydd i Belfast, neu ychydig mwy na hynny i Newry, i
ennill bywoliaeth.

'Mae'n broblem fod llawer o bobol ifanc yn gadael yr
ardal i weithio. Does dim un o'n pedwar mab ni'n byw
yma, er bod tri ohonyn nhw'n dal yng Ngogledd
Iwerddon a'r llall yn Llundain.'

Aeth â fi i'r ysgol lle'r oedd ei gŵr, Stanley, yn dal
mewn cyfarfod er bod y plant wedi hen fynd adref. Yn y
ganolfan gymdeithasol gerllaw cefais weld murluniau o
hanes yr ardal wedi eu gwneud gan Joyce a'i disgyblion
yn ei dosbarth celf a chrefft. Roedd ymdrech ymwybodol
i sicrhau fod ei grwpiau i gyd yn cynnwys y ddwy
gymuned, mewn ardal lle mae 60 y cant o'r boblogaeth yn
Brotestaniaid a 40% yn Babyddion. Yn yr ysgol hefyd,

roedd plant yn dod o'r ddau gefndir.

'Mae yma ysbryd cymunedol da, a thraddodiad o dderbyn pawb,' medd Joyce. Roedd 'pawb' yn cynnwys Mary McAleese, Arlywydd Gweriniaeth Iwerddon. 'Un o'r ardal yma oedd ei nain. Ar ôl iddi gael ei phenodi'n Arlywydd fe ofynnodd cefnder iddi, sy'n offeiriad, oedd yna rywbeth y gallen ni ei wneud i estyn croeso iddi. Ar y pryd doedden ni ddim yn siŵr beth fyddai'r ymateb. Fe allen ni gael protestwyr ar y stryd. Ond roedd hi am i bopeth fod yn anffurfiol, ac fe gafodd wahoddiad i ddod draw i ymweld ag arddangosfa o luniau a chreiriau lleol. Wnaethon ni ddim rhoi gwybod i'r wasg, ac fe gadwyd popeth yn dawel.

'Ar ôl hynny mae hi wedi bod yma sawl tro a does neb yn meddwl ddwywaith am y peth. Fe gawson ninnau de a choffi yn ei chartref swyddogol hi yn Nulyn. Mae'n dangos fel mae pethau wedi newid.'

Mae cynlluniau ar y gweill i gryfhau'r berthynas gyda Drumsna, gan gynnwys cynlluniau cyfnewid i bobol ifanc, a gwaith celf ar y cyd gan y ddwy gymuned.

'Pan feddyliwch chi am lefydd rhanedig fel Israel neu Irac, maen nhw wedi rhoi cynnig ar sawl ateb ond heb fynd i wraidd y broblem. Pan fydd pobol yn dechrau siarad a deall ei gilydd ar lawr gwlad mae hynny'n gam ymlaen. Rydyn ni yn Drumora a Drumsna wedi gwneud ein rhan fach. Mae 'na lawer y gall pobol ei ddysgu oddi wrth ein profiadau ni yn Iwerddon.'

Kilkeel

Cychwynnodd fy nghysylltiad â Kilkeel yn 1985, pan ddigwyddodd y sgwrs ganlynol ym mhorthladd Caergybi rhwng plismones dillad-ei-hun, a Wil Sam a fi.

'Where are you visiting in Ireland?'

'Kilkeel, County Down.'

'That's in Northern Ireland?'

'Cywir.'

'Business or pleasure?'

'Y ddau.'

'What's your business?'

'Ydach chi'n siarad Cymraeg?'

'Ydw.'

'Fyddwch chi'n sbïo ar Almanac ar S4C?'

'Byddaf, weithia.'

'Dan ni'n mynd i Kilkeel i wneud ymchwil ar gyfer rhaglen am ddigwyddodd yn 1933, pan aeth dau hogyn o Dudweiliog allan mewn cwch pysgota, a chael eu dal mewn storm…'

'Wn i'n iawn. Mi gollon nhw un o'u rhwyfau a chael eu chwythu allan i'r môr a chyrraedd Werddon…'

'Sut oeddach chi'n gwbod?'

'Un o Ben Llŷn oedd Nain, o ochra Efailnewydd, ac mi glywais i'r stori ganddi hi lawer gwaith.'

Y daith honno, a arweiniodd at ddrama ddogfen gan Wil Sam o'r enw 'O D'weiliog i Dywyllwch', oedd y tro cyntaf i mi ymweld â Gogledd Iwerddon. Roeddwn eisiau galw y tro hwn eto, a dywedais hanes antur y ddau yn y cwch wrth Joyce Poots yn Dromara. Atebodd hithau fod ganddi hi a'i gŵr ffrindiau da yn Kilkeel, o'r enw Roy ac Ann Teggarty. Roy oedd yn rheolwr bad achub Kilkeel, a byddai'n falch o fy nghyfarfod. Roeddwn wedi bwriadu aros mewn gwesty, ond ar ôl i Joyce ffonio Ann daeth neges yn ôl fy mod i aros yn eu tŷ nhw, a pha hawl oedd gen i i ddadlau?

'Where the mountains of Mourne sweep down to the

sea' meddai'r gân, a dyna'r union ffordd yr oeddwn yn ei dilyn o Drumora i Kilkeel ar hyd arfordir Down, efo'r môr ar y chwith a'r haul yn diflannu y tu ôl i Slieve Donard, yr uchaf o gopaon Mourne, ar y dde. Ar y map roeddwn i'n dilyn gwegil y tedi-bêr i gornel dde-ddwyreiniol Gogledd Iwerddon. Mae Kilkeel ar lan y Carlingford Lough sydd â'r ffin rhwng de a gogledd yn rhedeg trwy ei ganol.

Roedd fy llety am y noson mewn rhes o dai newydd o fewn llathenni i'r môr. Gydag angor yn yr ardd, lluniau a modelau o longau, siartiau morwrol, a dodrefn a wnaed o froc môr, roedd y cyfan fel amgueddfa forwrol. Roedd Roy ac Ann ar fin mynd â'r ci am dro, a chefais wahoddiad i ymlacio yn y tŷ efo gwydraid o win nes y bydden nhw'n ôl. 'Na, mi ddo i efo chi,' meddwn i yn rhinweddol iawn. Ac i ffwrdd â ni, Roy, Ann, Arnie y ci a finnau, ar hyd traeth caregog Kilkeel yn y gwyll. Roedd Arnie yn gwlffyn o gi, fel y byddai Ray Gravell yn dweud; ond cwlffyn digon cyfeillgar er iddo gael ei enwi ar ôl Arnold Schwarzenegger. Sylwais mai ychydig iawn o'r tai oedd â golau yn y ffenest. Digon gwir, meddai Roy ac Ann: lleiafrif oedd rhai fel nhw oedd yn byw yma trwy'r flwyddyn ac yn cyfrannu at y gymdeithas. Tai haf oedd y gweddill.

Wrth edrych dros y môr ar noson gymharol dawel, fedrwn i ddim peidio rhyfeddu fod cwch o'r enw Mary, pedair troedfedd ar ddeg o hyd, wedi simsanu ar drugaredd y gwynt a thonnau geirwon am 36 o oriau o Borth Sgadan i Kilkeel ym mis Mawrth 1933. Holi wnâi Roy, fel dyn bad achub ei hun, pam nad oedd badau achub wedi dod o hyd i'r cwch. Fedrwn i ddim ateb y cwestiwn hwnnw, ond gwyddwn fod badau wedi eu galw allan ac mai ofer fu'r chwilio. Yno, yn agos at yr union lecyn lle'r oedd y Mary wedi taro'r graean a dymchwel y ddau longwr cyfflyd i'r dŵr, y dywedais hanes yr antur wrth fy ffrindiau newydd.

Adroddais fel yr oedd John Elias Jones, 'Jac Wenallt', yn llongwr pump ar hugain oed, ac adref am seibiant o'r môr. Pymtheg oed oedd Thomas Jones Roberts – 'Tomi Gwelfor' – newydd adael Ysgol Botwnnog ac ar fin cychwyn ar brentisiaeth saer coed. Ar fore Mercher ym mis Mawrth 1933 roedd ei fam wedi anfon Tomi ar ei feic i fferm i brynu wyau. Ar ei ffordd digwyddodd daro ar Jac, oedd ar ei ffordd i Borth Sgadan i osod cewyll cimychiaid, ac angen help. Byddai raid i'r wyau aros.

Cyn gynted â'u bod nhw allan yn y môr, cododd gwynt cryf o'r dwyrain. Wrth iddyn nhw godi un o'r cewyll, disgynnodd rhwyf i'r môr a doedd dim dichon ei chyrraedd. Dechreuodd y cwch ddrifftio ar drugaredd y gwynt. Defnyddiodd Jac y rhwyf oedd ar ôl i weithredu fel mast, a hen darpwlin fel math o hwyl. Roedd hynny'n cyflymu'r cwch, ond doedd dim rheolaeth ar y cyfeiriad.

Y noson wedyn gwelwyd mynyddoedd Mourne o'u blaenau, a goleuadau harbwr Kilkeel. Straffaglodd y ddau i'r lan yn y tywyllwch ac i fyny grisiau serth o'r traeth. Curwyd ar ddrws bwthyn, a daeth hen ŵr o'r enw John Donnan i'w agor. Gyrrodd Gwylwyr y Glannau neges i swyddfa post Tudweiliog i ddweud bod y ddau yn fyw, a threfnwyd gwely iddyn nhw uwchben y Mourne Restaurant. Drannoeth gwnaeth y pentrefwyr gasgliad i dalu am eu mordaith i Lerpwl ar yr Ulster Queen a'r trên i Bwllheli.

Doedd Roy nag Ann, er gwaetha'u diddordeb ym mhethau'r môr, erioed wedi clywed y stori o'r blaen. Rhaid bod yr antur yn fwy o chwedloniaeth ym Mhen

Roy Heggarty, Kilkeel

Llŷn nag yn Swydd Down. Ond roedd pobol Tudweiliog a'r cylch yn adnabod Jac a Twm: dau ddieithryn ar ymweliad byr oedden nhw yn Kilkeel.

Yn ôl yn y tŷ, soniodd Roy am gysylltiad ei deulu â'r môr.

Bwthyn John Donnan, Kilkeel

'Roedd gan fy nhad ei long bysgota ei hun, a'i dad yntau o'i flaen. Yn fachgen roeddwn i'n mynd allan ar y llong gyda 'Nhad yn aml iawn. Ond doedd o ddim am i mi fynd i'r môr fel gyrfa. Mynnodd roi addysg i mi, i osgoi hynny. Felly mi es yn athro, a wedyn yn brifathro.'

Er bod Kilkeel yn cael ei hysbysebu fel porthladd pysgota prysuraf Iwerddon, mae'r diwydiant wedi crebachu llawer yn ddiweddar yn ôl Roy.

'Mae'r deng mlynedd ddiwethaf wedi bod yn rhai anodd, yn bennaf oherwydd cwotâu Ewropeaidd. Mae rhywfaint o'r bai ar y pysgotwyr eu hunain. Roedden nhw'n meddwl na fyddai'r stoc bysgod byth yn diflannu ac felly roedd 'na ormod o bysgota. Allai pethau ddim parhau felly a nawr maen nhw'n dal llawer llai. Hefyd mae'r costau wedi codi'n enbyd.

'Tramorwyr yw mwyafrif criwiau pysgota Kilkeel heddiw, llawer ohonyn nhw o'r Philipines.'

Fel sawl hen borthladd arall, mae Kilkeel yn troi fwyfwy at dwristiaeth. Roy sy'n bennaf cyfrifol am gynllun i sefydlu canolfan ymwelwyr y Mourne yn y pentref, lle bydd pwyslais mawr ar y dreftadaeth forwrol. Addewais, cyn noswylio, y byddwn yn anfon lluniau a thoriadau papur newydd am Jac Wenallt a Tomi Gwelfor iddo, yn y gobaith y daw rhai o'r ymwelwyr i wybod am y ddau ymwelydd anfwriadol a ddaeth i'r ardal yn 1933.

Roeddwn wedi bod yn Kilkeel ar un ymweliad arall, pan ddaeth 'Hel Straeon' â Tom Roberts, yn ôl yma am y tro cyntaf ers 1933 efo'i wraig Mair a'u mab Ailwyn. Roedd y cyngor lleol wedi trefnu croeso iddo mewn tŷ bwyta, ac wedi dod o hyd i ferch y lle gwely a brecwast lle'r oedd Jac ac yntau wedi aros. Y tro cynaf iddyn nhw gyfarfod roedd Tomi'n yn bymtheg oed a Doreen yn ugain. Yr ail dro, roedd o'n bedwar ugain a hithau'n 85. Aeth Doreen ato, heb gymryd sylw o'r camera teledu, a'i gofleidio. 'The Lord was good to you!' meddai.

Ar ôl ffarwelio a Roy ac Ann Teggarty, es yn ôl i Kilkeel a galw yn y bwthyn lle'r oedd John Donnan wedi agor ei ddrws i'r ddau deithiwr blin. Y ddau dro blaenorol imi fod yn yr ardal roedd y tŷ yn wag. Y tro yma roedd wedi ei adnewyddu a'i wyngalchu, a gwraig y tu allan yn chwynu cafnau blodau. Esboniais wrthi pam fy mod yno. Dywedodd hithau mai un o Kilkeel oedd hi'n wreiddiol, ond ei bod wedi treulio'r rhan fwyaf o'i hoes yn byw yn y Swistr. Bellach roedd hi a'i gŵr wedi symud yn ôl yma. Roedd hi'n adnabod John Donnan yn dda, ac yn gwybod yn iawn am ei ddau ymwelydd annisgwyl o Gymru. Medrais innau ymhelaethu ychydig ar yr hanes trwy ddweud wrthi mai cwestiwn cyntaf Jac Wenallt i'r hen ŵr, ar ôl iddo ddechrau dadebru, oedd 'Pa geffyl enillodd y Lincoln?'

Cyn ffarwelio â Kilkeel yn 2007, roedd gen i un gorchwyl pwysig: postio cerdyn i Mair a Tomi, 90 oed, i ddweud fy mod wedi bod yno.

Newgrange

Er cymaint y croeso yn Kilkeel, roeddwn i'n edrych ymlaen at groesi'r ffin yn ôl i'r Weriniaeth. Yn hytrach na gwneud hynny ar hyd y ffordd fyrraf, trwy droi i'r chwith yn Newry, penderfynais fynd yn fy mlaen i gyfeiriad Armagh a dilyn ffordd oedd yn mynd â fi trwy bentref y bu ei enw'n codi arswyd yn ystod yr helbulon: Crossmaglen. Gyda'i bryniau gwyrddion, cloddiau uchel, rhwydwaith o lonydd bach, dim llawer o draffig ar wahân i ambell dractor hamddenol, roedd yr ardal yn fy atgoffa o rannau mwyaf gwledig Sir Drefaldwyn. Ond doedd dim llawer o fwynder yma ychydig flynyddoedd ynghynt.

Yr arwydd cyntaf a welais i o'r dyddiau hynny oedd dod at groesffordd lle'r oedd cofeb gyda dwy res o groesau gwynion, dwy groes arall yn y canol, a wal farmor ac arni ddeg enw. Mae'n coffáu'r deg ymprydiwr a fu farw yn yr H-Blocks yn 1981. Uwchben enwau'r deg mae'r geiriau 'My brother is not a criminal', dyfyniad gan y Tad Brian McCreesh, brawd Raymond McCreesh, y trydydd ymprydiwr i farw.

Ar gyrion Crossmaglen gwelwn rywbeth tebyg i groes neu grocbren yn uchel yn yr awyr o fy mlaen. Wrth nesáu gwelais mai'r llythrennau IRA oedd wedi eu hoelio, un uwchben y llall, ar ben polyn trydan neu deliffon, a'r 'I' uchaf i'w gweld yn glir yn erbyn yr awyr.

Roedd y pentref yn fwy nag oeddwn i wedi ei ddisgwyl, a sgwâr mawr agored yn ei ganol. Sylwais fod y sgwâr wedi ei enwi ar ôl y Cardinal Tomás Ó Fiaich, a ddaeth yn bennaeth yr Eglwys Gatholig yn Iwerddon.

Roedd hi'n anodd credu i'r pentref tawel yma weld cymaint o dywallt gwaed, a hynny mor ddiweddar. Mae llawer yn priodoli hyn i ddau gamgymeriad: gosod yr ardal hon yng Ngogledd Iwerddon, er y byddai bron bawb o'r trigolion yn fwy cartrefol ar yr ochr arall i'r ffin; a sefydlu canolfan filwrol fawr yma ar ddechrau'r helbulon, a ddaeth yn darged parod i'r IRA.

Newgrange

Cwyn gyson gan Unoliaethwyr yn y dyddiau blin oedd ei bod hi'n rhy hawdd sleifio'n ôl a blaen dros y ffin ar hyd lonydd bach culion nad oedd neb yn eu plismona. Mae'n siŵr bod hynny'n cynnwys y ffordd yr es i ar hyddi o Crossmaglen, oherwydd mi sylwais yn fuan iawn fy mod yn ôl yng ngwlad y cilomedrau a'r arwyddion dwyieithog, fy nhrwyn tua Dundalk. Pan gyrhaeddais draffordd yr M1 i Ddulyn, nad oedd ond 85 cilometr i ffwrdd, penderfynais bod gen i amser i ymweld â Newgrange, y mwyaf rhyfeddol o holl drysorau cynhanesyddol Iwerddon. Roedd hynny'n golygu troi tua'r dwyrain yn Drogheda, a thaith o ryw ugain munud trwy ddyffryn afon Boyne.

Y tro diwethaf i mi ymweld â Newgrange oedd yn 1999, pan oedd y diddordeb yn y lle ar gynnydd wrth i droad y mileniwm agosáu. Roedd rhai pobol yn disgwyl i ryw wirioneddau ysbrydol neu sêr-ddewiniol newydd am y safle ddod i'r fei yr adeg honno, ond eu siomi gawson nhw hyd y gwn i. Roedd digon o ddiddordeb y tro yma hefyd, a barnu wrth y nifer oedd yn cyrraedd yr un adeg â fi. I fynd yno rhaid prynu tocyn yn y ganolfan ddehongli, lle cewch chi syniad am ba hyd y bydd rhaid aros. Wedyn gallwch gerdded ar hyd rhodfeydd pren am ganllath neu ddau i eistedd ar feinciau yn aros am fŷs bach i fynd â chi i gyrion y safle.

Yno, wrth ddisgwyl am y bŷs, amgylchynwyd fi gan griw arall o Americanwyr. Cyflwr ffyrdd Iwerddon oedd yn poeni'r rhain: 'Even those that are marked over here as major roads, back home in the States they'd be a single road with a line in the middle.' Fyddai cynnal sgwrs ddim yn broblem am yr awr neu ddwy nesaf.

Ar yr olwg gyntaf, mae Newgrange yn edrych yn rhyfeddol o newydd. Camargraff ydi hynny gan iddo gael ei adeiladu bum mil o flynyddoedd yn ôl. O'r tu allan mae'n edrych fel soser fawr hirgrwn a'i phen i lawr, efo glawellt fel lawnt taclus drosti, a wal o gerrig cwarts ac ithfaen ar naill ochr y brif fynedfa. Y wal honno sy'n rhoi golwg led fodern i'r lle. Cafodd y rhan hwnnw ei ai-greu, gyda'r defnyddiau gwreiddiol, yn y 1960au.

Mae'r drws wedi ei ailwampio i gydymffurfio â rheolau diogelwch ein hoes ni, ond mae'r agoriad uwch ei ben, sy'n cael ei ddisgrifio fel blwch y to, heb ei gyffwrdd. Hwnnw yw campwaith mwya'r lle.

Bedd cyntedd sydd yma, a hwnnw, petai modd edrych i lawr arno, ar siâp croes, un â choes hir iawn a chroesbren byr. Ac mae'n groes sydd yma ers tair mil o flynyddoedd Cyn Crist.

Arweiniodd ein tywysydd ni i mewn trwy'r porth gan wyro'n pennau, ac ymlaen drwy gyntedd rhyw ugain llath o hyd – dyma 'goes' y groes. Bob ochr mae yna feini talsyth a phatrymau cylchog wedi eu cerfio arnyn nhw –

Yr agoriad bychan uwchben mynedfa Newgrange

cylchoedd Celtaidd yr olwg, ond eu bod wedi eu creu ag arfau cerrig cyn bodolaeth y Celtiaid a'r Oes Haearn.

Mae'r cyntedd yn arwain i siambr ym mhen draw'r groes, sy'n cynnwys tair cilfach. Yn y rheini fe gafwyd hyd i weddillion esgyrn wedi eu llosgi, sy'n cadarnhau fod y lle'n cael ei ddefnyddio fel bedd cymunedol. Er bod ychydig o newidiadau wedi eu gwneud er mwyn diogelu'r waliau, mae to cromenog y siambr heb ei gyffwrdd, y cerrig wedi eu naddu'n gywrain fel bod y naill yn gorffwys ar y llall, heb adael diferyn o ddŵr drwodd mewn pum mil o flynyddoedd.

Mor ddiweddar â 1967 y darganfuwyd y rhyfeddod mwyaf ynglŷn â Newgrange. Ar y dydd byrraf, 21 Rhagfyr y flwyddyn honno, gwelodd yr archaeolegwr M. J. O'Kelly belydr o haul yn dod i mewn trwy agoriad bychan yn y blwch uwchben y fynedfa, y golau'n ymestyn yn raddol nes goleuo pen draw'r siambr, ac yna'n cilio gan adael y lle mewn tywyllwch. Roedd y cyfan drosodd mewn 17 munud. Mae'r un peth yn digwydd, ond i raddau llai, ar ddau neu dri diwrnod cyn ac ar ôl y dydd byrraf. Roedd adeiladu'r cyfan yn ddigon cywir i sicrhau fod hynny'n digwydd yn gofyn am athrylith mewn sawl maes.

Ail-greodd ein tywysydd yr effaith, gan ddefnyddio golau artiffisial. Aros mewn tywyllwch dudew nes gweld y pelydr yn cyrraedd ac yn cilio – dyna'r profiad sy'n gwneud ymweld â Newgrange yn unigryw. Ond ychydig iawn o bobol sy'n cael cyfle i weld y lle'n cael ei oleuo gan yr haul.

Dim ond lle i ugain o bobol ar y tro sydd yna yn y siambr bob mis Rhagfyr. Wrth gynnwys pum diwrnod i gyd, gan gynnwys y dydd byrraf, mae hynny'n rhoi cyfle i gant o bobol gael y profiad. Ond dim ond ar dri o'r dyddiau, ar gyfartaledd, y bydd digon o haul i oleuo'r siambr. I fod ymhlith y dethol rai, mae'n rhaid prynu tocyn loteri yn y ganolfan ddehongli. Fel arfer mae 28,000 o brynwyr yn cystadlu am y cant o lefydd. 'Yn debyg iawn i'r Superbowl,' meddai fy nghymdeithion Americanaidd.

Esboniodd ein tywysydd sut y daeth Newgrange yn ôl

i'r golwg – trwy hap a damwain – yn 1699, a ôl bod ynghudd am ganrifoedd. Roedd ffarmwr o'r enw Charles Campbell wedi gofyn i'w weision chwilio'r caeau am gerrig ar gyfer adeiladu. Wrth dyrchu trwy un pentwr o gerrig, daeth y gweithwyr o hyd i'r hyn oedd yn edrych fel ceg ogof. Ac wrth gloddio ymhellach, dyma weld ei bod hi'n ogof allan o'r cyffredin.

Ond sut daeth y byd i sylweddoli fod hwn yn rhyfeddod mor brin? Fi ofynnodd hynny i'n tywysydd, ond doeddwn i ddim wedi rhagweld mai i Gymro yr oedd llawer o'r clod. Roedd y ffarmwr Campbell yn ymddiddori yng nghreiriau'r oes o'r blaen, ac wedi cysylltu â'r byd academaidd i sôn am y darganfyddiad. Felly fe alwyd ar yr hynafiaethydd Edward Llwyd i astudio'r safle. Iddo fo yn anad neb y mae'r diolch fod rhyfeddod Newgrange wedi ei werthfawrogi a'i ddiogelu. Roeddwn innau wedi darganfod cysylltiad Cymreig, a hwnnw'n un tipyn mwy perthnasol na'r Superbowl.

Y Cymro cant

Treuliais fy noson olaf ar dir Iwerddon mewn tŷ a fu'n ail gartref i mi ers blynyddoedd. Bob mis Awst ar ddiwedd ein gwyliau byddwn yn aros yn nhŷ'n ffrindiau James a Treas O'Byrne yn Skerries, tref glan môr i'r gogledd o Ddulyn. Enw'r stryd yw Hoar Rock Hill, camsillafiad parchus o'r enw gwreiddiol oedd yn dynodi prif broffesiwn y rhan hon o'r dref pan oedd Skerries yn borthladd prysur.

Roedd gen i dŷ i mi fy hun y noson honno, gan fod James a Treas yn parhau yng ngŵyl fwyd a diod Dingle tan drannoeth, a'u chwe merch wedi gadael y nyth. Ar fy ffordd yno o Newgrange roeddwn wedi llwyddo i godi Radio Wales ar radio'r car, a chael ar ddeall fod Cymru ar y blaen i Gyrpus mewn gêm bêl-droed. Yn y tŷ yn Skerries, wrth chwarae efo'r sianeli digidol, er fy mawr syndod llwyddais i ddod o hyd i'r gêm ar S4C. Ond erbyn hynny roedd Cymru ar ei hôl hi o dair gôl i un a'r gêm yn tynnu at ei therfyn. Y dadansoddwr, oedd yn ceisio dod ag ychydig o hiwmor i sefyllfa ddigon ciami, oedd Dai Davies, yr oeddwn wedi gweld ei lun, ym mhriodas ei fab, yn Portaferry y diwrnod cynt. Ar ôl siom ein tim rygbi ar ddechrau fy nhaith, wele'n tim pêl-droed yn eu hefelychu y diwrnod cyn imi fynd adref.

Yn Nulyn drannoeth, roedd yna ddewis o gant a mil o lefydd i'w gweld a phobol i'w cyfarfod. Penderfynais gyfyngu fy niwrnod olaf, oedd yn ddydd Sul, i un capel, un Cymro ac un carchar. Gadewais fy nghar yn Skerries a dal trên cynnar i orsaf Connolly yng nghanol y ddinas. Oddi yno cerddais ar hyd Talbot Street i gyfeiriad y Spike, y nodwydd honno sy'n codi i'r entrychion o'r fan ble safai Nelson nes i'r IRA ei chwalu yn 1966. Mi fûm i'n ffilmio pen Nelson unwaith, yn y Dublin Civic Museum, ar ôl i rywun ei achub oddi ar domen sgrap. Mae'n edrych yn rhyfeddol o iach, ar wahân i fwlch yn ei drwyn.

Hanner ffordd rhwng yr orsaf a'r Spike, arhosais wrth gaffi rhyngrwyd Tsieineaidd, ei waliau wedi eu haddurno â llythrennau a phatrymau dwyreiniol. Roedd rhaid camu'n ôl i weld ei siâp er mwyn gwneud yn siŵr mai dyma'r adeilad iawn. Oedd, yn bendant, roedd ei bensaernïaeth yr un ffunud â channoedd o gapeli anghydffurfiol ledled Cymru. Dyma Bethel, y 'Capel Bach', a fu'n fan cyfarfod i Gymry'r ddinas am gan mlynedd. Ar deils y rhiniog mae'r 'Griffiths'. Dyna enw'r siop esgidiau ddaeth i'r adeilad wedi i'r capel gau. Does neb yn gwybod a oedd gan Mr Griffiths gysylltiad Cymreig. Bu'n rhaid cau'r capel yn 1939 pan aeth hi anodd i bregethwyr groesi yno o Gymru oherwydd y rhyfel.

Y Capel Bach erbyn hyn

Capel i longwyr oedd hwn yn bennaf ers ei agoriad yn 1838. Mewn ymdrech i ddenu'r Cymry ifanc oddi wrth demtasiynau'r ddinas, rhoddwyd hawl iddyn nhw smocio yn y capel. Ac os mai cnoi baco yn hytrach na'i ysmygu oedd eu dewis, roedd darpariaeth ar gyfer hynny hefyd, efo spitoons yn rhai o'r seddi.

Roedd lle i dri chant yn y gynulleidfa ar y dechrau, a phan oedd angen mwy o le adeg y Diwygiad codwyd galeri a gafodd yr enw quarter deck. Dim ond llongwyr oedd yn cael eistedd yn y seddi hynny. Yn un o'r oedfaon roedd capten llong wedi mynd â'i wraig efo fo i'r galeri. Yn ystod yn gwasanaeth daeth gorchymyn gan y pregethwr, cenhadwr o'r enw Evan Lloyd: 'Main deck fy ngeneth i.' Ar y main deck, sef y llawr gwaelod, roedd rheolau yr un mor gaeth: merched un ochr a dynion ar y llall. Ar ôl i un llongwr sleifio i blith y merched, cafodd yntau gerydd gan Evan Lloyd: 'Machgen i, starboard side!'

Howell Evans

Heddiw mae cyfrifiad-uron wedi disodli'r seddi capel ar y main deck a'r quarter deck. Gofynnais i'r dyn y tu ôl i ddesg a oedd o'n gwybod mai capel Cymraeg oedd yr adeilad yn wreiddiol. Atebodd ei fod yn dod o Tsieina ac mai dim ond ers dwy flynedd yr oedd o yma. Roedd yn fodlon iawn i mi grwydro i fyny'r grisiau i'r quarter deck lle'r oedd siâp yn ffenestri yn dal i atgoffa rhywun o Bethel. Cyn gadael tynnais luniau o'r adeilad, gan fy mod ar fy ffordd i weld yr unig un oedd ar ôl o aelodau'r Capel Bach.

Roeddwn wedi ffilmio Howell Evans ddwywaith ar gyfer 'Hel Straeon', unwaith yn ei gartref yn Blackrock, a'r tro arall yn y Capel Bach, oedd bryd hynny'n dwyn yr enw McSwiggan's Amusement Hall ac yn llawn o beiriannau gamblo. Ffoniais ei rif ar ddechrau'r daith hon. Roedd yn fy nghofio'n iawn a byddai croeso imi alw.

Daliais y Dart i Blackrock ac ar ôl hanner awr o gerdded roeddwn i yn Dormy Cottage, bwthyn gwledig yr olwg ar gyrion dinas, a gardd rosod raenus o'i flaen. Croesawyd fi gan ddyn hynaws, ysgafndroed a wnaeth imi amau yn syth fy mod wedi gwneud camgymeriad ynglŷn â'i oed. Oedd o mewn gwirionedd yn ddigon hen i gofio Gwrthryfel y Pasg 1916? Wedi imi ei longyfarch ar ei rosod dangosodd yr ardd gefn imi, a honno mor lliwgar a di-chwyn â'r ardd ffrynt. 'Dim ond rhyw hanner awr y diwrnod mae'n gymryd i mi i gadw trefn arnyn nhw, dim ond imi ofalu mynd ati bob dydd,' meddai. Roedd yn cofio'n iawn cael ei ffilmio ar gyfer 'Hel Straeon' a holodd 'Sut mae Lyn Bethesda?' 'Ebenezer ydach chi'n feddwl?'

meddwn i, a chwarddodd wrth sylweddoli ei fod wedi cymysgu dau gapel.

'Dydw i ddim yn cofio pethau gystal ag y byddwn i,' meddai. 'Mi fydd 'na barti go fawr yma dydd Gwener nesa. Mi fydda i'n gant oed ac yn cael pum cant ewro gan y Llywydd. Fi ydi'r siaradwr Cymraeg hynaf yn Iwerddon.'

I'r Capel Bach y mae'n diolch am iddo gadw'i Gymraeg ar ôl byw yn Iwerddon bron gydol ei oes. Cafodd ei eni yn Crewe, lle'r oedd ei dad yn gweithio ar y rheilffordd. Symudodd y teulu i Ddulyn pan oedd Howell yn bedair oed.

'Doedd gen i ddim Saesneg o gwbl pan gyrhaeddais i yma, dim un gair. Ond mi ddysgais yn fuan yn yr ysgol.' Roedd yn naw oed pan gynhyrfwyd y ddinas gan Wrthryfel y Pasg. Mae'n cofio aelodau'r Citizen Army, y fyddin a sefydlwyd gan James Connolly, yn martsio i gyfeiliant band heibio'r capel, ac aelodau o'r Royal Welsh Fusiliers yn chwyddo'r gynulleidfa ar y Sul. 'Roedd y canu'n werth ei glywed pan oedd y rheini yno.'

Ond yn fuan wedyn symudodd y teulu i Gaergybi wrth i'r helyntion gynyddu. Roedd cerrig yn cael eu taflu drwy ffenestri'r Capel Bach, oedd yn cael ei ystyried yn gaer o Brydeindod. Bu Howell yn yr ysgol uwchradd yng Nghaergybi, yr unig gyfnod iddo erioed fyw yng Nghymru, nes dychwelyd i Ddulyn yn 1924 ar ôl i bethau dawelu. Daeth yn aelod llawn o'r Capel Bach yn 17 oed.

Dangosais lun iddo ar fy nghamera digidol o'r capel fel y mae heddiw. Roedd yn gweld tebygrwydd yn rhan uchaf yr adeilad, ond bod y rhan isaf wedi ei ailwampio. 'Roedd 'na relings o'i flaen o ers talwm, ac wrth y rheini y bydden ni'n cadw'n beics yn ystod gwasanaeth,' meddai.

Bu Howell yn organydd yn y Capel Bach, ac yn canu yng Nghôr Meibion Cymry Dulyn a sefydlwyd yn y 1960au. 'Côr tafarn oedd o i raddau, a doedd dim mwy na rhyw bedwar neu bump o'r aelodau'n siarad Cymraeg. Gwyddelod oedd y rhan fwyaf o'r lleill. Does 'na ddim pỳb yn y ddinas na fun ni'n canu yno,' meddai dan chwerthin.

Ers iddo ymddeol o'r côr, prin yw'r cyfle iddo siarad

Cymraeg, ond fyddech chi byth yn meddwl hynny. Mae'n derbyn cylchgronau fel *Taliesin* a *Llafar Gwlad* trwy'r post. Roedd newydd brynu nofel Alun Jones, *Fy Mrawd a Minnau*, ac *O Drelew i Drefach*, cyfrol am y Wladfa gan Marged Lloyd Jones.

Gallech ddweud fod darllen yn ei waed: dangosodd gopi imi o *Taith y Pererin*, wedi ei gyflwyno i'w fam, Kate Ellis, gan ei chapel yng Nghaergybi 'am ddysgu mil a hanner o adnodau dilynol ar ei chof'.

Wrth ei waith byddai Howell yn asiant i gwmni Freightliners, yn teithio trwy ardal yn ymestyn o Wexford yn y de i Dundalk yn y gogledd yn ceisio perswadio cwmniau i anfon llwythi ar eu llongau. 'Roedden nhw'n rhoi car i mi ac yn gadael imi weithio o gartre, oedd yn fy siwtio fi'n iawn. Mi ddois i adnabod y wlad yn bur dda.

'Ac mi fyddai fy ngwraig, Muriel, a finnau'n mynd ar wyliau i lefydd fel Kerry ar foto beic.'

Er pan fu farw Muriel mae'n byw ar ei ben ei hun ac i'w weld yn ymdopi heb fawr o drafferth.

Holais ei farn am y newidiadau yn Iwerddon a'r adfywiad economaidd. Gwych o beth, meddai. Roedd yn bryd iddyn nhw symud efo'r oes. Roedd yn falch o weld cymaint o fewnfudo i'r wlad gan fod hynny'n lleihau dylanwad yr offeiriad plwyf, er bod llawer o'r newydd-ddyfodiaid yn dod o wledydd Catholig.

Pan godais i adael dywedodd, 'Wnewch chi ddim cerdded i'r stesion. Mi af i nôl y car o'r garej.' I ffwrdd â ni mewn Nissan Micra Sports coch a gofrestrwyd yn 2003, ac roeddwn i'n teimlo'n hollol ddiogel. 'Dwi am werthu'r car diwedd y mis yma,' meddai. 'Dwi'n medru dreifio'n iawn, ond taswn i'n digwydd cael damwain mi fasa rhywun yn siŵr o ofyn pam bod hwnna'n dal i ddreifio a fynta'n gant oed?'

Yn ystod ein sgwrs roedd wedi crybwyll nad oedd ganddo lyfr emynau Cymraeg yn y tŷ, a'i fod yn colli hynny. Ar ôl dod adref prynais un a'i bostio iddo. Daeth llythyr o ddiolch bron gyda'r troad. 'Cefais barti da iawn,' meddai. 'Mae gen i ddigon o boteli wisgi yn y tŷ i bara am flynyddoedd.'

Kilmainham

Roeddwn am orffen fy nhaith yng ngharchar Kilmainham. Hwnnw, ar lawer ystyr, ydi man geni gwladwriaeth Iwerddon yn ei gogoniant a'i gwae. Er bod iddo ganrifoedd o hanes, a bod ei westeion wedi cynnwys cenedlaethau o droseddwyr 'cyffredin' a chynhyrfwyr gwleidyddol, y ffaith mai yma y saethwyd arweinwyr Gwrthryfelwyr Pasg 1916 sy'n ei wneud yn lle arbennig. Yn ystod dathliadau hanner canmlwyddiant y digwyddiad hwnnw y bûm i yno gyntaf. Roedd drysau'r hen garchar wedi eu hagor yn arbennig yn 1966, ar ddechrau'r gwaith adfer a fu'n digwydd ers hynny. Mae gen i gof am giwio'n hir i fynd i mewn, a mentergarwr ifanc yn cerdded yn ôl a blaen yn gwerthu lluniau o'r arweinwyr. 'Padraig Pearse, Padraig Pearse,' meddai, fel petai'n hwrjo'r *Evening Herald*. Pwy ydi hwnnw?, gofynnodd rhywun iddo. 'He's a man who died for Ireland, ha ha!'

Doedd dim gwamalu heddiw, wrth i griw ohonom aros yn y cyntedd i gael ein rhannu'n grwpiau a'n tywys o amgylch. Merch ifanc a'i gwallt cringoch mewn cynffon ceffyl oedd yn arwain ein grŵp ni. Gwnâi hynny'n wybodus a di-lol, heb or-ddramateiddio sefyllfaoedd oedd yn ddigon emosiynol yn barod. Yng nghapel y carchar rhoddodd fraslun o hanes yr adeilad a'i gysylltiad â gwahanol arweinwyr gwleidyddol gan gynnwys Robert Emmet, a ddienyddiwyd yma yn 1803.

Ond y stori fwyaf dirdynnol oedd hanes priodas a gynhaliwyd yn y capel hwn ym Mai 1916 rhwng Joseph Mary Plunkett, un o arweinwyr Gwrthryfel y Pasg, a'r arlunydd ifanc Grace Gifford. Roedd y ddau wedi bwriadu priodi ar Sul y Pasg, cyn i'r Gwrthryfel darfu ar y trefniadau. Felly cynhaliwyd y seremoni am hanner nos yng ngolau cannwyll, a dau filwr arfog yn dystion. Arweiniwyd Plunkett i'r capel mewn cyffion, a dynnwyd yn ystod y gwasanaeth a'u rhoi yn ôl yn syth wedyn, cyn ei yrru yntau yn ôl i'w gell. Cafodd Grace ychydig o gwsg mewn tŷ cyfagos nes i blismon ei deffro am ddau o'r gloch y bore a chyflwyno llythyr gan bennaeth y carchar yn ei galw i weld ei gŵr am y tro olaf. Cafodd y pâr priod ddeng munud yng nghwmni ei gilydd mewn cell llawn o filwyr, nes i swyddog ddweud wrthi bod ei hamser ar ben. Aed â Plunkett i iard y carchar a'i saethu am hanner awr wedi tri y bore.

Roedd Joseph Plunkett yn un o'r saith a arwyddodd y proclamasiwn annibyniaeth a ddarllenwyd gan Padraig Pearse yn y Swyddfa Bost yn Nulyn ar ddechrau'r Gwrthryfel. Yn fardd ac ysgolhaig Gwyddeleg, roedd yn nodweddiadol o'r cenedlaetholwyr diwylliannol oedd wrth wraidd y chwyldro.

Daeth Grace Gifford yn gyfarwydd iawn â Kilmainham yn ddiweddarach, gan iddi gael ei charcharu yma am dri mis gan lywodraeth y 'Free State' yn ystod y Rhyfel Cartref yn 1923. Ar wal ei chell peintiodd lun o fam a'i baban, sydd i'w weld o hyd ar ôl cael ei adnewyddu gan arlunydd cyfoes. Mae enwau arweinwyr 1916 yn cael eu dangos ar y celloedd ble cawsant eu cadw cyn eu dienyddio.

Mae'r ymweliad â Kilmainham yn dod i ben yn yr iard falu cerrig ble saethwyd y gwrthryfelwyr gan filwyr o'r Sherwood Foresters. Roedd y gatrawd honno wedi ei dewis ar gyfer yr 'anrhydedd' am mai hi oedd wedi dioddef mwyaf o golledion yn ystod yr ymladd. Tawelwch afreal sydd yma heddiw, ond mae'n hawdd dychmygu dwndwr y gynnau'n clecian mewn lle mor gyfyng. Yn agos at y fynedfa sy'n arwain o'r stryd, mae croes yn nodi'r fan lle saethwyd James Connolly. Roedd yn wahanol o ran cefndir a blaenoriaethau, ac wedi dod â'i Citizen Army i gefnogi'r gwrthryfel ar ôl penderfynu mai annibyniaeth gwleidyddol oedd y llwybr tuag at Iwerddon sosialaidd. Ar ôl iddo gael ei anafu'n ddrwg yn yr ymladd, bu meddygon a nyrsus Prydeinig yn gweithio'n galed am wythnos i'w gadw'n fyw ar gyfer ei ddienyddio. Ar doriad y wawr ar 12 Mai, fe'i cludwyd mewn ambiwlans i Kilmainham, ei glymu wrth gadair am na allai ei goes glwyfedig ei gynnal, a'i saethu.

Effaith y dienyddio oedd troi poblogaeth oedd tan hynny'n ddirmygus o'r gwrthryfelwyr yn ffyrnig o'u plaid. Fel yr ysgrifennodd Yeats:

O but we talked at large before
The sixteen men were shot,
But who can talk of give and take,
What should be and what not,
While those dead men are loitering there
To stir the boiling pot?

Am wyth o'r gloch y noson honno roeddwn ym mhorthladd Dún Laoghaire yn aros i'r giatiau agor. Roedd yr Ulysses i fod i hwylio am bum munud i naw, ond doedd hi ddim wedi cyrraedd i mewn eto. Edrychais ar y cloc milltiroedd yn y car. Roeddwn wedi teithio 2059 milltir mewn tair wythnos. Roedd atgofion cymysg y daith yn chwyrlïo yn fy mhen. Tybed beth fyddai Pearse a Connolly a'r lleill yn ei feddwl o gyflwr presennol y wlad yr oeddwn newydd wibio trwyddi? Wedyn daeth cyhoeddiad y byddai'r llong o leiaf ddwyawr yn hwyr oherwydd trafferthion ynghylch offer glanio yng Nghaergybi. Ffoniais fy ffrindiau, Scott a Geri a James a Treas, oedd ar eu ffordd adref o'r ŵyl fwyd yn An Daingean. Dywedodd Scott eu bod nhw'n nesu at Ddulyn, a bod croeso imi fynd draw i'r tŷ neu eu cyfarfod am sgwrs yn rhywle arall. Dywedais bod yn well imi aros lle'r oeddwn i, gan y byddai pawb wedi blino. Dyna'r unig benderfyniad yn ystod fy nhaith yr ydw i'n dal yn edifar yn ei gylch.

Diwedd y gân

Mae'n noson braf o Ebrill, a chriw ohonom mewn ystafell yn Nulyn yn hel atgofion. Un peth iach y sylwais arno yn Iwerddon yw'r cyd-gymysgu naturiol rhwng y cenedlaethau, ac mae hynny'n amlwg yn y cwmni hwn, sy'n cynnwys plant bach ysgafndroed a hen wragedd ar ffyn. Yn un gornel o'r ystafell, mae fy nghyfaill Scott Rogerson, â'i lygaid ynghau. Dydi hynny'n ddim byd newydd yn ei hanes, gan ei fod yn ddiarhebol am bendwmpian mewn cwmni. Ond fydd dim chwyrniad sydyn heno, na cherydd tyner gan ei wraig Geri i geisio'i dawelu. Yn y Bourke's Funeral Home yr ydyn ni ac mae Scott, mewn siwt dywyll, crys gwyn a thei liwgar, ei farf yn dwt ac awgrym o wên heriol ar ei wyneb, yn gorwedd mewn arch agored. Ar ôl degawdau o ymgyfarwyddo â sawl agwedd o fywyd y Gwyddelod, dyma'n profiad cyntaf ni o'u dull o ymdrin â marwolaeth.

Rhaid cyfaddef i ni deimlo ychydig o arswyd pan glywsom am y *'repose for viewing'* oedd i ddigwydd y noson cyn yr angladd. Ond mae gweld y corff yn ddraddodiad cryf yn Iwerddon, ac yn rhan o ddygymod â galar. Yn ôl seicolegwyr, mae peth tystiolaeth fod hynny'n gweithio. Ac wrth weld wyrion ac wyresau bach yn cerdded yn ddigyffro o amgylch yr arch ac yn sythu i edrych ar y taid yr oedden nhw'n ei addoli, doedd hi ddim yn anodd gweld rhinwedd yn y ddefod.

Cymysgedd eithafol o chwerthin a chrio ydi hanfod y wêc Gwyddelig, ac roedd Scott wedi gadael cyflenwad helaeth o atgofion i symbylu'r ddau emosiwn. Eto, doedd o ddim yn Wyddel nac yn Babydd. Albanwr o Coatbridge ger Glasgow oedd o, ac mewn eglwys Bresbyteraidd yn Parnell Square y bu'r gwasanaeth angladd. Cafwyd darlleniadau Gwyddeleg a Saesneg o'r Beibl, canodd y grŵp Barbershop yr oedd Scott yn perthyn iddo un o'u hoff ganeuon, a chanodd Alwena 'Mi glywaf dyner lais'. Ei wraig oedd yn talu'r deyrnged. Bydd yn cael ei gofio, meddai Geri, yn y cannoedd o ganeuon y byddai'n eu canu – yn faledi stryd a ddysgodd ar lafar, caneuon traddodiadol Gwyddelig a cherddi Robert Burns. Roedd hefyd yn arlunydd medrus, a'i luniau pen ac inc yn addurno cartrefi ei lu o ffrindiau mewn sawl gwlad.

Pibydd oedd yn ein tywys at y bedd ym mynwent Glasnevin; y fynwent lle claddwyd rhai o amrywiol arwyr Iwerddon gan gynnwys Daniel O'Connell, Charles Stewart Parnell, Michael Collins, Eamonn De Valera a Brendan Behan. Mae miliwn o hanner wedi eu claddu yma, yn wrêng a bonedd.

Yn agos at fedd Scott mae carreg fedd rhieni Geri. Mae'r manylion sydd arni yn esbonio pam y symudodd Geri ac yntau o Birmingham i Ddulyn yn 1967. Roedd mam Geri wedi marw chwe mis cyn eu priodas y flwyddyn honno. Chwe niwrnod ar ôl y briodas, cawsant neges fod ei thad hefyd wedi marw. Roedd gan Geri dri brawd iau, yr ieuengaf yn ddim ond 11 oed. Symud i Iwerddon oedd bwriad Scott a hithau yn y pen draw, ond dywedodd Scott y bydden nhw'n gwneud hynny'n syth bin i ofalu am y teulu, er nad oedd gan yr un o'r ddau waith i fynd iddo. 'Roedd hyn yn dangos cryfder cymeriad ac anhunanoldeb rhyfeddol mewn person 25 oed,' meddai Geri. 'Dyna oedd y peth cywir i'w wneud. Pan ddeuai'n fater o wneud penderfyniadau moesol doedd yna ddim tir canol i Scott. Roedd yn rhaid gwneud y peth cywir.'

Ar y ffordd allan o'r eglwys clywsom fod Bertie Ahern wedi cyhoeddi ei fod am ymddiswyddo o swydd y Taoiseach. Trwy gydol fy nhaith trwy Iwerddon yn yr hydref roedd y papurau'n llawn adroddiadau am weithrediadau'r comisiwn oedd yn ymchwilio i'w faterion ariannol. Dim ond yn Iwerddon y byddech chi'n cael Prif Weinidog yn dweud ar goedd ei fod wedi derbyn rhodd ariannol gan 'Paddy the Plasterer', ac yn awgrymu mai wrth fetio ar geffyl yr oedd wedi ennill rhyw arian na allai roi cyfrif amdano. Roedd yr amseriad yn eironig gan fod Scott, er iddo fwynhau cwmni 'Bertie' ar sawl noson hwyrol yn y Granville, wedi ei ddadrithio gan yr arweinydd a'i blaid, Fianna Fail. Doedden nhw ddim yn 'gwneud yr hyn oedd yn gywir'.

Y noson honno, ar yr aelwyd yn Blackhorse Avenue, cafwyd parti na welwyd ei debyg. Gyda llun o Scott yn edrych i lawr arnom o'r silff ben tân, canwyd llu o ganeuon nad oeddem erioed wedi clywed neb ond Scott yn eu canu. Wedi blynyddoedd o wrando, doedd hi ddim yn anodd cofio'r geiriau. Ac roedd un gân draddodiadol o'r Alban yn arbennig o addas:

> Oh, this evening's passed so quickly,
> And the music's almost done;
> We've heard the piper and the fiddler,
> The singer and his song.
> The time has come for us to leave you;
> One last song before we go;
> So button up and aye be cheery,
> Tak a dram afore ye go.

Roedd cyfarfod Scott a Geri a'u plant uwchben y bwrdd pŵl yn nhafarn Ó Catháin yn 1980 yn garreg filltir yn ein bywydau. Drwyddyn nhw, ddwy flynedd yn ddiweddarach, y daethom i adnabod James a Treas O'Byrne a'u teulu. Ers hynny daeth ein plant ni a'u plant a'u hwyrion hwythau yn rhan o un tylwyth mawr Celtaidd. Trwy fwynhau cwmni'r ddau deulu hwn, ar y ddwy ochr i'r dŵr, y dyfnhaodd ein hedmygedd o'r bobol drws nesa. I goffadwriaeth Scott, a aeth yn 'fwy Gwyddelig na'r Gwyddelod' heb erioed anghofio mai Albanwr oedd o, y cyflwynir y gyfrol hon.